# 改革派教会

オリヴィエ・ミエ
菊地信光 訳

一麦出版社

Die reformierten Kirchen

by
Olivier Millet

tr. by
Nobumitsu Kikuchi

Fleurus Mame, Paris
© *1992*

Ichibaku Shuppansha Publishing Co., Ltd.
Sapporo, Japan
© *2017*

# 改革派教会

目　次

　　はじめに …… 7

I. 最初の改革派信仰共同体の特徴 …………………… 15
　1. 都市の宗教改革 …… 16
　2. 人文主義による宗教改革 …… 22
　3. ストラスブールとブツァー …… 26
　4. 改革派プロテスタンティズムの発展 …… 32

II. カルヴァン主義 ……………………………………… 37
　1. カルヴァンの仕事 …… 40
　2. 神と救いについての教理 …… 45
　3. 教会についてのカルヴァンの教理 …… 56
　4. 改革派の礼拝 …… 75
　5. カルヴァン主義の政治と倫理 …… 80
　6. カルヴァン主義の強さ …… 94

III. 改革派教会の発展と議論 …………………………… 99
　1. 信仰告白と国民教会 …… 99
　　a) カルヴァン主義の拡大 …… 108
　　b) ハインリヒ・ブリンガーと
　　　 改革派の教理の普及におけるその役割 …… 113
　　c) ハイデルベルク教理問答 …… 119

2. 神学教育と改革派正統主義 …… *125*
  a）改革派正統主義 …… *125*
  b）堕落以後説と堕落以前説 …… *135*
  c）アルミニウス論争とドルトレヒトの教会会議 …… *139*

一般的文献 …… *143*

訳者あとがき …… *145*

## はじめに

　16世紀半ばにおける最も重要な出来事の一つは，宗教改革内部で，（再）洗礼派や他のあまり組織されていないグループとならび，互いに競いあう二つの教会の類型が形成されたという事実である．すなわち，ルター派教会と改革派教会である．この両者は共に，ローマ・カトリック主義とさまざまな洗礼派＝霊的運動と対立していることを十分に意識してはいた．しかし，キリスト教の信仰が自分たちの生活する教会とその時々の政治的組織の領域で実現さるべき方法とは，明確に相違していた．[1)]

　こうした異なった発展は，一方では，カトリックのスイス人地域に対する戦いにおけるカッペルでのチューリヒ人の敗北，および，1531

---

1）　R. Stauffer, La Réforme, Paris 1970, 7 以下「宗教改革者たちは，根本的な問題に対して同じ解決策をもっていた．彼らに共通していたのは……救い主キリストの人格への同じ立ち帰り，恵みの全能の同じ強調（有名な『恵みのみ（sola gratia）』），『信仰のみ（sola fide）』への同じ優先的好み（彼らはこれによって義認は，純粋な賜物であり，いかなる性向，いかなる人間の業績にも依存しないと理解した）．信者の集会としての教会についての同じ理解，また，聖書を常に最終的な説教の活ける言葉によって実現される神の啓示として理解する同じ方法 ──『聖書のみ（sola scriptura）』であった」．

左：カルヴァンの『キリスト教綱要』初版（1536年）のタイトルページ
右：カルヴァンの『キリスト教綱要』フランス語版のタイトルページ

　年10月11日と11月のツヴィングリとエコランパディウスの死後，ツヴィングリ主義とルターによって攻撃されたその聖餐論が防衛する立場であったこと，また，他方では，1532年以後，将来の改革派教会にとって主要な指導者に数えられるマルティン・ブツァーが聖餐の問題でルターに接近し，さらにカルヴァンが1536年にバーゼルで，ルターの思想に霊感を与えられた『キリスト教綱要』の初版を出版したのであるから，まさに驚くべきことである．それゆえ，ルターと，ドイツおよびスイスに形成されつつある改革派の信仰共同体間との最初の聖餐論争

---

2) 1532年4月シュヴァインフルトで，ブツァーは「アウクスブルク信仰告白」に署名した．1536年にはブツァーはルターおよびその信奉者と一緒に「ヴィッテンベルク一致信条」に署名した．

(1525-1530年) を超えて，ルター派と改革派間の争いの本来の根はどこにあったのか，そしてこの改革派の共同体成立時にその教会建設を厳密な意味で準備したのは何か，という問題が提起される．

　カルヴァンは1541-1560年に，ジュネーブで教会とキリスト教社会の改革のためのモデルを生み出した．これは全ヨーロッパを魅了した．聖餐の問題におけるブツァーの調停の試みが挫折した後，ジュネーブの宗教改革者は，彼としては争いを緩和できる創造的な総合によって対立を克服しようとした．さて，1549年に署名されたカルヴァンとチューリヒの間の協定 (*Consensus Tigurinus*) はスイス人の教理の統一を実現しはしたが，ルター派からは単にツヴィングリ主義の変化したかたちとして理解され，その結果，カルヴァン主義は新たなサクラメント派的またキリスト論的な謬説であると思われていた．

　この第二次聖餐論争は，プロテスタンティズム内部における教派的前線を最終的に硬直させた．しかもそれは，アウクスブルクの宗教和議 (1555年) がルター派の領邦教会の存在を宗教改革の唯一の教会として帝国法上保障したときであった．

　しかし，カルヴァン主義と，より広い意味における改革派教会の特徴を，二つの教理上の点 (聖餐とキリスト論) に限定してはならない．それをはるかに超えて，カルヴァン主義は教理，教会，社会のためのモデルとして，新しく，完全に展開されたかたちで改革派教会の支配的形態となったのである．

　確かに，もう一つの，とりわけツヴィングリ主義の潮流をまったく排除するものではないが，その持続性と激しい内部の争いや改革派タイプ

---

3) 「カルヴァン主義的」という表現は，1552年にルター派のヴェストファルの「ファラゴ (Farrago)」に現れる．彼は「チューリヒ協定」をも激しく批判した．50年代の論争はカルヴァン主義のキリスト論からの結果に関係し，60年代のそれは，むしろ聖餐論のキリスト論的な帰結に関係している．

の教会の発展は，ルター主義における現象との類比を示してはいる．しかし，それにもかかわらず，さらに詳細な状況と決定的な始まりは同じではない．[4]

ルター主義は「一致信条書」で教理的統一の堅固な基点を作り出した．その中心はまたしても，キリストにおける恵みのみによる罪人の義認の宗教改革的発見であった．

その義認論は，決定的であったルター自身の場合と同様に，[5] 聖書の解釈原理として，すなわち質料原理として使用される．他方では，「聖書のみ（sola scriptura）」の中に形相原理がある．その信仰告白集の助けでルター主義はこの原理を文書に書き記した．その結果，あれこれの神学的な教理論争を超えて完結し，一般に有効な，すべての者に共通する教理大全を所有することになった．教会の交わりへの認可のためには，教理における完全な一致が要求されたのである．[6]

それに対して改革派の側は，カルヴァンも，すでにツヴィングリさえも，聖書・信仰告白・教会の間の関係を異なってみていたのである．ここでは聖書は客観的に第一の原理であり，そこから教理を（信仰による義認の教理をも！）読み取らなければならなかった．

教会の一致は教会の頭としてのキリストにおいて前提され，与えられ

---

4) ここでは，J. Staedtke, Die Entstehung der inner-protestantischen Kirchentrennung im 16. Jh., in: DERS., Reformation und Zeugnis der Kirche. Gesammelte Studien, hrsg. von D. BLAUFUSS, Zürich 1978. 183-197. に従っている．

5) こうした信仰書あるいは「信仰告白集」はルター主義のクレドとして仕えた．それらは和協信条の中で数え挙げられている（BSLK 833-839）．

6) この交わりは1529年に，マールブルクで宗教改革者たちによって審理された15点の発言における不一致のためにツヴィングリに拒否され，ブツァーとカピトには1536年にヴィッテンベルクで和協書の署名の後にこの交わりが保証されたのである．

ており，唯一の，すべての教会によって受け入れられた信仰告白の結果ではない．共通の了解のもとで，この一致をいわば見えるようにすることが，さまざまな教会での課題であり続けた（そこから主要点のカルヴァン主義的教理がある）．すなわち，それは聖書から読み取られた教理の真理から出発している．したがって，改革派の場合には，最終的で普遍的価値をもった信仰告白文書は存在しなかった．すなわち，共通の完結した教理大全は存在しなかった．時折 ── そして後になって初めて ── 〈調和した〉多様な改革派の信仰告白は，歴史的にみれば，これらの信仰告白の多くがカルヴァンの刻印が押されているときでさえ，共通の文書（聖書）に戻るように指示したのである．

ルター主義とのこうした根本的相違は，改革派教会の教派的な特徴である．これは聖餐論争を超えて，プロテスタントの陣営が崩壊し，二つに分離した共同体となり，教理における再分裂の始まりを暗示している．それはプロテスタントの歴史における最初の根源的な教会分裂へと流れ込むことになった．つまり，1619年のネーデルランドのアルミニウス主義の教会分裂がそれである．こうしたすべてのことが，改革派のプロテスタンティズムによる教理内容，教会の構造，キリスト者の特殊な類型の形成に関する以下の記述の背景をなしている．

改革派教会の発展における重要な出来事（1530-1549年）
1530年　アウクスブルクの帝国議会：「四都市信仰告白」と「ツヴィングリの信仰の弁明」（後者は私的作品として）
1531年　ウルムにおける宗教改革の導入（ブツァーの役割）．ストラスブールにおける教会世話人職の設立．ファレルによるヌー

---

7）　それは現実の教会分裂にかかわる問題であった．というのも，既存の，すなわちネーデルランドの改革派教会がその胎内に宿したアルミニウス主義の断罪後，二つの教会に分裂したからである．

シャテルにおける宗教改革の導入．カッペルでのチューリヒ人の敗北した戦闘におけるツヴィングリの死（10月）．エコランパディウスの死（11月）

1531-1532年　ストラスブールのシュマルカルデン同盟への加入

1532年　ブツァー，「アウクスブルク信仰告白」に署名．ベルンの教会会議（ヴォルフガング・カピトの役割）

1534年　バーゼル，ミュールハウゼンの「信仰告白」
　　　　ストラスブールの教会規則
　　　　パリにおけるプラカード事件

1534-1535年　ミュンスターの洗礼派王国

1536年　カルヴァン，バーゼルで『キリスト教綱要』の初版を出版
　　　　「第一スイス信仰告白」
　　　　ヴィッテンベルクの一致信条はスイス人もコンスタンツをも巻き込まず
　　　　ツヴィングリの「信仰の解明」の出版

1536-1538年　カルヴァンの最初のジュネーブ滞在

1538年　ブツァー，論文「真の魂のみとりについて」を出版
　　　　カルヴァンのストラスブールへの移住
　　　　ヘッセンの教会規則「ブツァーの役割」，ストラスブールの人文主義のギムナジウム（大学）の開設

1539年　ストラスブールの教会会議（教会規律）

1540-1541年　プロテスタントとカトリック間の宗教会談（ハーゲナウーヴォルムスーレーゲンスブルク）

1541年　カピトの死．カルヴァン，ジュネーブへ戻る．ジュネーブの教会規則

1545年　ツヴィングリの「ラテン語著作集」の出版終了．サクラメント派に対するルターの攻撃

1546年　ブツァーの見解の教会規律への適用をストラスブール市参

　　　　事会が拒否
1546-1547 年　シュマルカルデン戦争．ストラスブールにおける「キリスト教共同体」の創設
1548 年　インテリム（仮協定），カール五世によって課される．
1549 年　ブツァー，インテリムを拒否し，ストラスブールを離れ，イングランドへ向かう．「チューリヒ協定」におけるカルヴァンとブリンガーの間のチューリヒの一致協定成立．
　　　　ブリンガーの「デカーデン」の刊行の始まり．

## I. 最初の改革派信仰共同体の特徴

 ヨーロッパ改革派の将来のための理念と制度は,チューリヒ,バーゼル,そしてとりわけストラスブールおよびジュネーブで発展した[8].その際,ストラスブールは1520-1530年の都市の宗教改革にとって典型的な実例を示し,1548年まで多くの他の帝国都市にとって基準であり続けた.スイスとヨーロッパの局面への波及についてはまったく言うに及ばず,決定的な意味をもっていたのは,カルヴァンが1538年から1541年までそこでブツァーとカピトのもとでジュネーブの宗教改革者としての後の働きについての準備をしたことであった.

 シュマルカルデン同盟の軍事的敗北とそれに続く1548年のインテリム(仮協定)によって,ストラスブールとその他の上部ドイツの帝国自由都市は自主的な宗教改革の刺激的な中心点としての役割を失った.そして,皇帝の政治の結果,再カトリック化(たとえばコンスタンツ)されなかったとしても純粋にルター派となった(ストラスブール)のに対

---

8) G. Livet – F. Rapp – J. Rott(Hrsg.), Strasbourg au cœur religieux du XVIe siècle. Actes du Colloque international de Strasbourg (25-29 mai 1975), Straßburg 1977. を参照のこと.その他の文献は註11を見よ.

して，カルヴァンは，とりわけブツァーによって仲介された宗教的な特性の一部をジュネーブにもたらした．こうしたしかたで無比の機能を保持したのである．その他の要素と並んで，都市の生活，人文主義，ブツァーとストラスブールが改革派教会の建設と改革派のプロテスタンティズムの発展に明白な影響を及ぼしたのである．

## 1. 都市の宗教改革[9]

1530年代に，都市型の宗教改革が ―― 排他的ではないとしても ―― とりわけ南西ドイツとスイスにおいてまた一段と広がり，ここから信仰告白が生まれた[10]．かくして，それを背景として，その特性が生み出されることになった．ベルント・メラーやその他の研究は，初期の刺激を再受容する中で，ルターによってよび覚まされた福音主義運動の枠内で，改革派の神学と教会論が発展した典型的な条件について，より事実に即した判断をすることに貢献した（都市の宗教改革を上部ドイツの神学に縛りつけることなしに）．メラーは上部ドイツの帝国自由都市の中に，とりわけ活発な共同体意識が支配していたことを示した．この共同体意識は，チューリヒとバーゼルにおいてはツヴィングリ主義，ブツァー主義の宗教改革の神学と出合い，さらにこの共同体意識によって促進さ

---

9) これについては B. Moeller, Reichsstadt und Reformation. Bearbeitete Neuauflage Berlin 1987 ; Ders. (Hrsg.), Stadt und Kirche im 16 Jahrhundent Gütersloh 1978 ; St. E. Ozment, The Reformation in the Cities. The Appeal of Protestantism to Sixteenth-Century Germany and Switzerland, New Heaven-London 21980. を参照のこと．

10) たとえば，「四都市信仰告白」，これには，ストラスブールのために1534年に採用された十六箇条の教会会議条項も入った．1534年3月4日に市参事会（Magistrate）の命令は，「四都市信仰告白」に従おうとしないすべての住民に，都市を離れることを命じた．

れていった．これらの都市に特徴的なのは，その経済的な活力，その政治的な成熟，愛郷心，生活領域としての都市ということとともに，宗教的な救いについての共同体の次元での高い意識，および都市が共同生活の形態を形作るという，現実的な意識であった．これらの都市の宗教改革による法的社会的なすぐれた知識の進展と，ブツァーとツヴィングリの神学の新しい評価が今日 —— いずれにせよ異論の余地はあるとしても —— 都市の宗教改革の特異性を裏付けるのである[12]．

その第一の特徴は，宗教改革が当該の都市に導入された方法に由来する．たとえば，クーアザクセンでは，選帝侯の命令によって，1526年以来必要な変革が「巡察」によって貫徹されたが，都市は領邦君主のしかたとは異なり中世の大学におけるモデルに従い，討論によって組織された神学論争をおこなっていた[13]．

---

11) ストラスブールについては，たとえば，M. U. Charistman, Strasbourg and the Reform. A study in the Process of Change, New Haven-London 1967; Th. A. Brady, Ruling Class, Regime and Reformation at Strasbourg 1520-1555, Leiden 1978; C. J. Abrey, The People's Reformation. Magistrate, Clergy and Commons in Strasbourg, 1500-1598, Ithaca 1985; M. Lienhard (Hrsg.), Un temps, une ville, une Reforme. La Réforme. La Réformation à Strasbourg. Studien zur Reformation in Straßburug, Aldershot 1990. バーゼルについては最近では，U. Gäbler, Die Basler Reformation, in : ThZ 47 (1991) 7-17. を参照のこと．

12) ツヴィングリについては，J. V. Pollet, L'image de Zwingli dans l'historiographie contemporaine, in: BSHPF 130 (1984) 435-469; Ders., Huldrych Zwingli et le Zwinglianisme, Paris 1988; Locher, Zwinglische Reformation; U. Gäbler, Huldrych Zwingli, München 1983; P. Blickl-A. Lindt-A. Schindler (Hrsg.), Zwingli und Europa, Zürich 1985. ブツァーについては，註30を見よ．メラーへの批判については H. J. Goertz, Noch einmal; Reichsstadt und Reformation, in: ZHF 16 (1989) 221-225. 過去25年間の集中的な実り多いテーマ「都市と宗教改革」の研究には，ここではこれ以上立ち入ることができない．

13) B. Moeller, Die Ursprünge de reformierten Kirche, in: ThLZ 100

その場合に生ずる対立命題に際しては,市参事会が仲裁裁判官の役割を引き受け,討論はしばしば公共の空間である教区教会で開催され,すべての信徒が立ち入り可能となった.これには,現地の全聖職者が,古い信仰をもつ人々に対して福音主義の指針を流布させるという目的で召集された.市参事会は引き続き,その委任を受けて行動している都市共同体全体に対して,強権的な命令のもとにこの討論を貫徹した.こうした討論の判断規準として当局が立てた厳格な聖書原理[14]は,形式原理としてカトリックの反対者の大部分を無力化し,すべての「人間的発明」,すなわち聖書の中に根拠をもたない教理＝礼拝の伝統を却下するために用いられた.こうしたやり方で福音主義の運動は急進的宗教改革へと流れ込んだ.そこでは政治的機関がこの運動自体を引き受け,社会領域では市民への聖職者の編入[15],また同じく,宗教領域ではミサの禁止,新しい典礼の創出,「純粋な神の言葉」を説教することの義務化を実施した[16].

この「政治的討論」はツヴィングリの「発明」であった.この理念は1530年以後,いっそう広まった.そしてドイツ語圏外部でも,たとえば,1535年にジュネーブで,1536年にローザンヌで類似の討論にいたった[17].

---

(1975) 641-653; Ders., Zwinglis Disputationen, Studien zu den Anfängen der Kirchenbildung und des Synodalwesens im Protestantismus, in : ZSRG. K 56 (1970) 275-324. 60 (1974) 213-364. を参照のこと.

14） ベルンの教会会議（1528年）では,たとえば,教会教父への援用はおこなわないことが決定された.

15） B. Moeller, Kleriker als Bürger, in Festschrift, hrsg. von Tellenbach u. a. II, Göttingen 1972, 195-224.

16） 1530年にアウクスブルクの帝国議会に提出された「四都市信仰告白」は,この特色のいくつかをよく表している.Bucer, Deutsche Schriften III, 35-185. のテキストを参照のこと.R. Mehl, Strasourg et Luther: La Tetrapolitaine, in: Livet u. a. Strasbourg au cœur 145-152. の研究をも見よ.

17） La Dispute de Lausanne (1536). La théologie réformée après Zwingli et

このモデルはいたるところで地方自治体の共同生活に関連する都市の宗教改革の根源を示している．つまり，都市を越える改革派の信仰告白はない．このさまざまな漸進的な経過は，ほかのところでもルター主義的に霊感を受けた宗教改革にも，たとえば，ニュルンベルク，ブレスラウ，ハンブルク，リューベックでも同様に道を開くことができたとしても，また確かにその他の多くの神学的でない要素がともに働いたとしても，第二に，改革派教会の発展にとって以下の特徴を確認させる．

受容された教理は，律法と福音のルター派の弁証法というよりは，むしろ「神の言葉」と「人間の教理」（反伝統主義）の間の対立に基づいていた．この「神の言葉」は，前もってそのキリスト論的な内容を確定しうる有能な神学者がそこにいない場合，純形式的に，つまり聖書のテキストとして定義された．共同体思想が優先し，教会といわれるものの人間的・社会的枠組を形作り，聖書に証言された神の意思の実現のために，その基礎と空間として道徳的生活に用いられた．敬虔な生活への配慮は，信仰者を「信仰の実」を生み出すように導く努力によって刻印された．[18]

その場合に，世俗の権力は「キリストの王国」を当該の都市で確立し，促進し「純粋な教理」を助けて支配させ，誤った教師を訴追するなどの任務をもった．世俗の権力は説教者を任用し，共同体のキリスト教的生活のための規則を定めた．その際，世俗的権力はこれらの仕事に際して，神の言葉の宣教を委託された解釈者つまり牧師によって指導された．[19]

---

avant Calvin. Texte du Colloque international sur la Dispute de Lausanne (29 septembre – Ier octobre 1986), hrsg. von E. Junod, Lausanne 1988.

18) 説教に関するストラスブールの条令（1523年）は福音が「神と隣人への愛における成長に仕えること」を厳命した．「四都市信仰告白」の第7条は業の必然性について，第6条は「キリスト者の義務について」を述べている．

19) たとえば，「四都市信仰告白」の第23条「為政者について（De Magistratibus）」を参照のこと．また，第一「スイス信仰告白」（1536年）の第27（26）条からの文意に即した以下の抜粋をも参照のこと．「すべ

徐々に都市の行政が教会規則を公布した．それは三つの特徴を示している．すなわち，第一に，土地の教会の組織に対する強い関心，教会共同体と市民共同体の間の緊密な関連，積極的な倫理的・社会的な傾注がそれである．公共の福利が，── 中世の都市制度とラインの人文主義者のサークルの理念によって新たに復活したトマス主義の神学（ブツァー）が遺産として残した概念であるが ── 新たな社会的・宗教的な秩序の身分証明のために用いられた．これは「神の栄光」の尊重に結びついた「安寧秩序」が市参事会に宗教的義務を課し，そしてこれに負うべき服従を弁明する程度に応じておこなわれたのである．さらに宗教改革の教理からは，直接あるいはそれによって霊感を受けて実践的・組織的な措置が続いた．それは今や等しく市民的・教会的案件としてみられ，チューリヒのモデルに従って[20]，いわゆる婚姻裁判所に委任された婚姻法の領域において有効となった．第二に，公の慈善の施設，学校制度，宗教的な実践，倫理的なふるまい等々の領域で成果を上げたので

---

ての権力と為政当局者が神に発するのであれば，その至高で最も尊い職務は（もしも為政当局者が専制君主になりたくないならば），まことの神の栄誉と正しい神礼拝を保護・増進し，教会の奉仕者と福音の宣教者が神の御言葉に基づいて教え，説き明かすように全力を傾注することにある．しかも，このような信仰心，神礼拝，および廉直さというものは，芽生え成長するものなので，為政当局者が何よりもまず精励すべきは，神の御言葉が明白かつ真実に教会員に向けて語られることである……．一般の青少年と市民全体が正しく教えられ，適切に戒告と懲戒をこうむり，加えて，教会の奉仕者と教会の中の貧しい人々が，細心の配慮をもって遇され，適切・妥当なしかたで必要が満たされるように管理することである．教会の財産はこのような目的に用いられるべきである」（原文はBSRK 109）〔『改革派教会信仰告白集』第Ⅰ巻-493番（以下，RCSF Ⅰ-493と略記）〕．

20) W. Köhler, Züricher Ehegericht und Genfer Konsistorium. 2Bde., Leipzich 1932-1942．の基本的研究を参照のこと．

ある[21].

　もちろん，それはただ一歩一歩進捗したのであり，また都市間においても異なっていた．依然として牧師の聖書的な神政政治と市参事会の皇帝教皇主義は未だ考えうる成り行きであり，また危険性でもあった．しばしば不信をもってみられたが，しかし実際，努力がなされた世俗の当局と教会の職務担当者の間の協力は，われわれがストラスブールの場合に見るように，さまざまな，そして議論の余地あるしかたで実現され，教会に固有であるべき一つの領域における教会的自律の問題は，カルヴァンにいたるまで未解決のままであった．しかしながら「キリスト教の都市制度」の理想は，いたるところで実施された変革が証明していた．「政治的討論」の助けをかりた宗教改革の出現は，教会会議制度の基本的要素を発生させた[22].

　さしあたり，教会会議制度は，牧者たる聖職者と世俗の権力の代表者のみで構成されていたにすぎない．しかしながらいたるところで信徒が（市参事会への圧力をとおして）主導者であるか，あるいは少なくとも変革の積極的な証人であった．社会の一員，また権利と義務の担い手として，彼らは改革に加わるか，あるいはそのキリスト教的な生活のための新しい必要不可欠な規則に喜んで従った．ツヴィングリとブツァーの聖餐に関する教理は大きな反響をみたが，それと同時に上部ドイツとスイスにおける都市の宗教改革に共同体的性格を刻印することに貢献した．聖餐への参加は共同体に目に見える働きを起こした．というのは，信徒

---

　21) 1521年から1531年までにストラスブールの市参事会は四十六箇条の懲戒条令を公布した．その厳守のために牧師たちは精力的に尽力した．
　22) チューリヒは教会の一致を教理と規律において確保するために，1528年以来教会会議制度を実践した．ストラスブールの宗教改革者カピトは1532年にベルンの教会会議（Berner Synode）を指導した．これは，それからストラスブールの教会会議（1533年）にモデルとして用いられた．

がパンとぶどう酒のしるしを受領することによって，彼らはその福音主義の信仰を告白し，そして，社会的な近隣関係の中で積極的な隣人愛のために尽力したからである[23]．

同様に，悪魔祓いによって清められ，外国人を含めて住民のすべての子どもに義務づけられた洗礼は，「教会の体（Corpus Ecclesiae）」への，つまり見える教会への加入を意味していた．そこから独自な典礼が生まれた．説教についての宗教改革の理解は聖霊の役割への強い強調と結びついていた．聖霊が召集し，み言葉によって（聖書主義）共同体に語りかけるのである．こうした事情にはジュネーブにおける宗教改革のモデルにおいて，われわれはほどなく出合うことになる．それはストラスブール，バーゼル，チューリヒでの連綿とした経験の貢献から生じたものであった．

## 2. 人文主義による宗教改革

都市・地方自治体的性格と並んで，なおもう一つの要素が改革派教会の外観を刻印した．ジーモン・グリュネウス（1541年没），マルティン・ブツァー（1491-1551年），ウォルフガング・カピト（1541年没），ヨハンネス・エコランパディウス（1531年没），そしてジャン・カルヴァン（1509-1564年）などの宗教改革者の人文主義の教養が，聖書テキストの解釈

---

23)「四都市信仰告白」の聖餐に関する条項の結びを参照のこと．「すなわち，われわれの救い主なるキリストにのみ向き変わらせ，われわれがかれによって養われ，かれのうちに，またかれによって生き，神の喜びたもう聖なる，それゆえに永遠にして至福なる生涯を送り，聖晩餐において一つのパンにあずかっているからこそ，われわれがみな一つのパン，一つの体となることを教えるのである［Ⅰコリント10］」(Bucer, Dentsche Schriften Ⅲ, 125)〔RCSF Ⅰ-305〕．

に，完全に「釈義のバーゼル・ストラスブール学派」と言えるような一つの特有の方向を与えた．[24]

これは，聖書のテキストの歴史的な意味と重なる「単純な」あるいは「文字どおりの」(字義的)意味を方法論に探し出そうと試み，したがって，テキストを，書かれ編集されたテキストとして考察した．そうしたものとして，テキストは哲学的・修辞学的分析を受けねばならなかった．「分派主義者」によるテキストの直接的な文字どおりの心霊主義的習得と比べて，この釈義は，どの箇所についても聖書の「議論」の過程で連続する「論拠」の本質と課題を明るみに出した．この釈義は客観的で説得力のある，あるいは論争的意図を話題にするために，バーゼル・ストラスブール学派の分析に依拠していた．

つまり，テキストが「言わんとしたこと」と釈義は，続く説教において同じく多くの「決まり文句（*loci communes*）」として用いられ，また信仰をもった民衆に，私的・共同体的なキリスト教生活において細心，厳正に要求され，適用するために示された．したがって，聖書は基本法，すなわちキリスト教における生活の形式と内容を規定し表す憲章であった．

聖書のテキストのこうした分析は，神の慈しみとその民との契約の歴史として遂行された全体（旧約と新約）としての神の啓示に目を留めてもおこなわれた．伝統的な典礼の聖書章句は放棄された．1519年にツ

---

24) この名称は，B. Girardin, Rhétorique et théologique. Calvin: Le commentaire de l' Epître aux Romains, Paris 1979, 293 (G. R. Hobbs に関連して)．B. Rousell, Martin Bucer exégète, in: Livet u.a., Strasbourg au cœur 153-166; Ders., De Strasbourg à Bâle et Zurich: une ecole rhénane" d' exégèse (ca. 1525- ca. 1540), in: RHPhR 68 (1988) 19-39; Ders., Strasbourg et „l' école rhénane" d' exégèse (1525-1540), in: BSHPF 135 (1989) 36-53; A Ganoczy- S. Scheld, Die Hermeneutik Calvins. Geistesgeschichtliche Voraussetzungen und Grundzüge, Wiesbaden 1983; Th. F. Torrance, The Hermeneutics of John Calvin, Edinburgh 1988.

ヴィングリによって導入された「連続講解」の原則は，── つまり説教者は個々の礼拝をとおして一章一章，一節一節，聖書の全体を解釈した ── 信徒に聖書の歴史の新たな習得を容易にした．バーゼルとストラスブールの釈義の成果，チューリヒの「預言」[25]，あるいはストラスブールの宗教改革者たちの公開の「講義」[26]の広がり，これらの訓練の場への「信徒」の出席 ── これらすべてが，改革派のプロテスタンティズムの活力にとって決定的なものとなった．

もう一つの人文主義の特徴は，すでに当該の教会を特徴づけていた国際的精神であった．それゆえカピトは，1536年から1538年にかけてルターが自身のラテン語の著作のドイツ以外での普及に無関心であると非難した[27]．

ストラスブールはフランスへの宗教改革の橋梁としてその役割を意識しており，チューリヒ人たちはイタリアの件で尽力した．バーゼル，ストラスブール，チューリヒは全ヨーロッパからの福音主義者の亡命地となり，この分野でより体系的な仕事がカルヴァンやブリンガーによってなされる前に，全体を包括し，国境を突き破るものを，プロテスタンティズムということで認識していた．

この同じ人文主義は，また改革派の神学の一定の強調点のためのふさわしい土壌でもあった．これらに数えあげられるのは，宗教改革的な自由意志の拒否にもかかわらず，キリスト教徒の生活において信仰の実り

---

25) 開会と閉会の祈りに囲まれた，原語に基づき，その「生活の座」と関連したすべての人に開放された聖書テキストの解釈．

26) この「講義」は学校＝大学に倣って1538年に創設されたストラスブールの文科系ギムナジウム（1566年以後はアカデミー）で制度化された．

27) O. Millet, La correspondance du réformateur strasbourgois W. F. Capiton avec Jodocus Neuheller compagnon de table de Luther (1536-1538). im : BSHPF 129 (1983) 73-100.

としての業に割り当てられる役割，聖化の過程において与えられる聖霊の意義，および，原始教会の理想に従ったキリスト教の生活の形成のための配慮であった．このことは，その他のキリスト教・人文主義的な文化において観察される努力にも，正確に対応していた．人文主義の影響を超えて，ヨーロッパ西部のライン河沿いの西側に発展した宗教改革は二つの敵に対して戦った．

　一方では，改革派の説教者は「迷信」とカトリックの業の敬虔に対して，他方では「エピクロス的な」[28]個人主義に対して戦った．この分野ではスイスと都市ストラスブールの神学が，教会建設＝教会組織のための配慮でその力量を示し，そしてその社会的な教会の形態にかかわる解決を前進させ，範を示す機会を得ることになった．この地域に改革派の神学と教会論が発展した一方で，その同じ生活領域で分派主義的な教理と共同体も生まれ，広がった．これらはさまざまの度合いで新しい宗教・社会的秩序の多様な見方，とりわけ市民社会と教会が融合した見方（幼児洗礼，市民宣誓，牧師の権威）を拒否し「真の」キリスト者のために自立したこの世との関係で妥協のない生活を要求した．最初の改革派の神学の一連の文書と態度決定が，この分派主義の運動と関連づけられるかどうかは疑わしい．また，改革派が分派主義者の策動と理念に応えようとしたゆえに，洗礼・聖霊・政治における見える共同体，およびその権威，つまり教会の職務と神のみこころにかなった政治的働きを強調したとも考えられる[29]．

　同様に，聖なる生活への強い要求と国家との関連で自立した教会訓練

---

28）　M. Lienhard (Hrsg.), Croyants et sceptiques au XVIe siècle. Le dossier des 〈épicuriens〉 Straßburg 1981.

29）　カピトの発展はこの観点で特徴的である．彼はさまざまな信仰の異なる人々に注意深く耳を傾けた後に，彼は1537年以来その著作で皇帝教皇主義的意味において（「君主は地上における教会の頭である」）教会の職務（Dienst）と世俗の権力の宗教的役割を強調した．

を導入しようとする試みは，多元主義的教会の枠内で分担され，あるいは借用された分派主義的要求の中に，その起源をもっていたということも考えうるであろう．かくして，ストラスブールとブツァーはすでにカルヴァン以前に模範的に改革派の教会論における重要な段階を形成したのである[30]．

## 3. ストラスブールとブツァー

ストラスブールでは1529年にミサが廃止された．これをもって宗教改革の最終段階が開始された．これは，その他の都市と同じく，ここでも，とりわけ教会の効果的な新しい組織化であった[31]．

1531年には聖画像が教会から最終的に除去された．市参事会が教会世話人を任命した．すなわち，牧師と教区民の教理と道徳を監視する任務をもつ信徒である．1533年には牧師の申し出により，教会会議が召集された．これは牧師自身，教師，教会世話人から，市参事会（Magistrat）の4人の代表者を議長として構成された．教会会議は分派主義者，とりわけ洗礼派を断罪し，教会規則を整えることになった（1534年）．これは市参事会と教会間の関係を規制し，ある場合には破門をも備えた．1535年には新しい規律規則が公布された．こうした組織にとって二重

---

30) カルヴァンに関しては，W. Balke, Calvijin en de Doperse Radikalen, Amsterdam2 1977 (engl. Übersetzung ; Calvin and the anabaptist radicals, Grand Rapids 1981). を参照のこと．ブツァーについてはG. Hammann, Martin Bucer 1491-1551. Zwischen Volkskirche und Bekenntnisgemeinschaft, Wiesbaden – Stuttgart 1989（G. Ph. Wolfによるフランス語からの翻訳）; M. Greschat, Martin Bucer, München 1990; M. De Kroon, Martin Bucer und Johannes Calvin, Göttingen 1991. を参照のこと．

31) F. Wendel, L' Eglise de Strasbourg. Sa constitution et son organization 1532-1534, Paris 1942. を参照のこと．

# 3. ストラスブールとブツァー

ストラスブール　メリアンの銅版画(1645年)

の問題があった．すなわち，第一に教会内部の領域では「キリストの王国」を促進し，分派主義者による脅威に対して身を守ることが問題であった．第二に，宗教改革者はキリスト教的生活のこうした更新によって力づけられて，カトリック教会との対決ないし出合いに備えた．この後者の方は，1540-1541年にハーゲナウ・ヴォルムス・レーゲンスブルクにおける宗教会談で，また教皇によって告知されていた公会議を念頭に置いておこなわれた．1536年のヴィッテンベルク一致信条による教理におけるルターとメランヒトンへの接近によって，ストラスブールがプロテスタンティズムの将来のよりよい基礎について熟考することができるようにした．

　とりわけ，内外で教会政治的に指導的人物であったマルティン・ブツァーは，徐々に教会論の見解を発展させた．しかし，彼の意図とストラスブールの国民教会の現実の間との裂け目が徐々に現れた．それは教理，道徳，および職務の分野で明確な構造をもち，洗礼を授けられたす

I. 最初の改革派信仰共同体の特徴

マルティン・ブツァー　ルネ・ボワバンの銅版画（1544 年）

べてのキリスト者から形成された教会は，その内部に告白共同体の存在を排除せず，原始教会のモデルに従って形成され，そして大多数の人々よりも内部の規律に基づいて，いっそう集中して信仰に従って生活する告白共同体という考えを彼に抱かせた．市参事会が教会会議の規則的な召集を拒否し，牧師に破門の審理への参加を拒み，同様に懲戒の分野における処罰に関して自粛したため，教会世話人は多くの点で勝手にふるまったので，ブツァーはシュマルカルデン戦争の混乱を利用して，各々の教区に自発的な自己規律と，互いにチェックし信仰を勧めあう信徒をもって「キリスト教共同体」を設立した．こうした成果にもかかわらず，ブツァーはあらゆる点で市参事会と同僚すべての信用を勝ち得ることには成功しなかった．1548 年のアウクスブルクのインテリムの導入は，彼をイングランドへ亡命させる結果になった．彼はそこで晩年の著作『キ

リストの王国について』を書いた[32]。これを 1550 年 10 月 21 日に国王エドワード六世に贈呈した。それは彼の教会論と社会的理念の大全であった。

ブツァーの教会論は複合体である[33]。その成立過程は、その時々の状況の影響を受け、また釈義的、教育的、あるいは牧会的な出版物の中で展開されていった。それはストラスブールでは完全に用いられるにはいたらず、しばしばカルヴァン主義の最終結果から解釈されるために評価を落としている。

ブツァーにとって、教会は啓示が実現し、聖霊が世界において、またキリストの体への選ばれた者の受け入れのために働く場所である。キリストの体は「キリストの王国」に同化され、信徒の成長する交わりと聖化において実現されねばならない。この信徒は神によって選ばれた聖なるものであり、国民教会のもみがらの中に混ざっており、完全ではない（これは分派主義者に向けられている）が、そうなるように召されている。相互の教化と規律への義務づけによってこの成長が可能になる。これに従えば、教会は三つの「教会のしるし」を所有している。神の言葉とサクラメント（この二つはルターとメランヒトンの場合と同様である）そしてブツァーによって新しく加えられた教会規律である。聖書の実例は社会（旧約のモデル）と教会（原始教会のモデル）の組織のための規準である。

すなわち、み言葉はブツァーの「キリストの王国」が証言しているよ

---

32) F. Wendel (Hrsg.), Du Royaume de Jésus-Christ, Paris – Gütersloh 1954; Buceri Opera latina, XV: De Regno Christi Libri duo, Paris – Gütersloh 1955.（ラテン語のテキスト）を参照のこと。

33) J. Courvoisier, La notion d'Eglise chez Bucer dans son développement historique, Paris 1933 ; W. Bellardi, Die Geschichte der 〈Christlichen Gemeinschaft〉 in Straßburg (1546-1550). Der Versuch einer 〈zweiten Reformation〉, New York-London $^2$1971 (Leipzig 1934) ; Hammann, Bucer. を参照のこと。

うに，聖書主義的意味で理解される．彼のこの書物は義務的な小学校教育も日曜日の聖化も，結婚と離婚についても，商業の規制についても論じている．洗礼と聖餐のサクラメントに関してブツァーは，分離主義者に対して，国民教会におけるこの「秘儀」の必要性を強調する．もし，それが共同で祝われるなら，それは信仰と愛における成長をもたらす．按手は，ルターの場合に「サクラメント的行為」であるように，さまざまな種類の任職式と堅信礼に対して予定されている[34]．規律は聖書の倫理の要求と結びついている．しかし，それはキリスト教的な秩序とその支配の構築だけが問題なのではなく，規律はとりわけ，選ばれた者の交わりを多数者の教会の只中で広げる助けをすべきである．教会における信徒の救いの漸進的実現という視点がブツァーの教会論の特異性である．

それはなにゆえ，職務と教会規律が彼にとってそれほどまで重要であったのかを説明している．教理と道徳に対する，そして強制力に対する監視は世俗的権力に委任された．というのは世俗的権力が二枚の律法の板（教理と道徳）の遵守を貫徹すべきであったからである．教会世話人はこの任務を，市参事会の伸ばされた腕として委任された．この制度はバーゼルにおけるエコランパディウスの努力に遡る．彼は破門の行使によって，教会に教会規律における自立性を保障しようとしたのである．しかし，バーゼルにおける「長老」と同様，ストラスブールにおける「教会世話人」は，ブツァーがそれらに与えようとした役割，すなわち，教会の交わりに固有な教会規律によって信徒の現実的な教化に仕えるという役割を，きわめてわずかしか果たさなかった．

ここで，ブツァーの職務論を説明せねばならない．彼は教会の職務を

---

34) したがって，プロテスタンティズムにおける堅信礼の導入はブツァーに遡る．彼はそれによって教理問答が青少年にとって，信仰告白が教会への帰属にとっていかに大切であるかを示そうとした．

執行する多数の個別の方法を区別した．その場合，この職務の正確な数と名称はブツァーのある著作と別の著作では変化するので，カルヴァンは後にこの多様性を，図式的に四職に単純化した．[35]

ブツァーによれば三つの課題が立てられる．すなわち，説教すること・教えること・監視し教化すること，これらは愛において仕えること，である．学校における教師，説教壇での牧師，神学者はそれぞれ別の名称で言えばキリスト教の「教師（doctores）」である．監視と教化は全体としての長老の問題である．このグループにサクラメントを施すみ言葉の仕え人と説教者でない仕え人（長老〔Älteste, Presbyter〕）が入る．彼らは牧会的な奉仕という仲間意識をもっている．この最後に挙げた職務担当者は，とりわけ「警告すること，注意を促すこと，勧告すること，懲らしめること，排除すること」をせねばならない．こうした枠の中で，破門は教化の目的のための聖餐からの一時的な排除にすぎない．[36]

執事職に関しては，ブツァーはそれを教会の職務として保持しようと試みたが，実らなかった（1531年のウルムの教会規則）．

1534年のストラスブールの教会規律は，それを教会の機能としては拒否した．本質的なものとして残ったのは多様な教会の派遣に対応している教会の奉仕の多様性の理念であった．つまり，一方ではブツァーの理念と願望，他方では国教会という困難な状況のもとで，それを国民教会として実現するには隔たりがあって，それは社会的・市民的団体を共

---

35) この分野でのブツァーに対するカルヴァンの依存性については，R. Stauffer, L'apport de Strasbourg à la Réforme française par l'intermédiare de Calvin in: Livet u. a. Strasbourg 285-295 Hammann, Bucer 208-250.

36) 破門の問題は，それが「大破門（excommunicatio major）」としては市民からの追放と市民組織，つまり都市の枠組みにおける世俗的制裁を結果としてもたらすことにある．ブツァーと後期のカルヴァンは何といっても訓練と破門を牧会的・教会的に決定しようとした．むろん，この世俗的枠組みを放棄することなしに．

に含み，同時に告白教会であり，また聖職者と信徒の間の区別を止揚しようとするものであった．カルヴァンはこのすべてを受け止め，それを体系として仕上げることになる．

## 4. 改革派プロテスタンティズムの発展

　ブツァーはドイツの地で，一つの宗教改革に刺激を与えた．その頂点が，カルヴァンにいたるまでの改革派のプロテスタンティズムに刻印を押した．しかも，ツヴィングリ主義のスイスでもストラスブールの発展が影響しないわけにはいかなかった[37]．カッペルとツヴィングリの死後，すなわちチューリヒにおける宗教改革を固め，起こりうる誤った発展を修正するという課題がハインリヒ・ブリンガー（1504-1575年）に与えられた．牧師たちは政治への介入を放棄したが，しかし，ブリンガーは彼らに，私的，集団的罪を訓戒する自由を保証した．ただし，彼はバーゼルのエコランパディウスのように，教会的な破門を要求した同僚レオ・ユートに従わず，規律を国家・市民的案件として，そのままにしておいた[38]．1531年のエコランパディウスの死は，自立した教会規律の不安定であった試みの終わりを意味し，ツヴィングリのモデルが勝利した．エコランパディウスの後継者，オズワルト・ミコニウスは1534年にバーゼル＝ミュールハウゼンの信仰告白を起草した．それは再洗礼派に向け

---

　37）J. V. Pollet, Martin Bucer, Etudes sur la correspondence, 2Bde., Paris 1958-1962. を参照のこと．

　38）Leo Jud：「もしわれわれが世界を変えることができないなら，何のためにわれわれは説教するのか，実に新しい生活へとよびかける福音をなんのために人々に説くのか？　ブリンガーのユートへの答えは〈大事なのはただ公に公の実直さを守ることだけである〉」（Bullinger, Briefwechsel Ⅱ：Briefe des Jahres 1532, Zürich 1982, 78, 74.）．

られ，またその短さと簡素さによって信徒をも獲得することに適していた．

ベルンではツヴィングリ主義の宗教改革がとりわけ 1531 年以後侵入したルター主義の影響によって困難となった．これは職務担当者自身と関連し，そして「サクラメント派」と「ルター派」との間の聖餐論争によっていっそう激化した．ある教会会議がストラスブール人ヴォルフガング・カピトを議長として，信仰告白文を起草した．これは，市参事会のキリスト教的な責任を強調し，改革派の牧会的な敬虔をキリスト中心，聖霊における生活の強調（反律法主義），聖餐の問題における平和への意志で強化するという注目すべき努力を反映していた[39]．スイス南西部へのベルンの増大する政治的な影響は，ヴォー地方への宗教改革をもたらし，ジュネーブへの道を開いた．

フランス人，ギヨーム・ファレル，アントワーヌ・マルクール，ピエール・ヴィレ[40]たちはそこで簡素な聖書主義的な教義主義という意味で，すべての信徒に近づきやすい信仰を広め，それによってカルヴァンのために地ならしをした．その際，彼らは聖霊の名で，とりわけ「肉」に対して，すなわち「カトリックの迷信」と「ルター派のサクラメント主義」に対して闘った．しかし，国家と結びついたベルンとジュネーブにおける宗教の理解は固有の教会規則を生み出すことを妨げた（1538 年，カルヴァンのジュネーブからの追放）．

教会規律と並んで聖餐をめぐる論争は，恒常的な対立の第二の原因となっていた．ブツァーはスイス人からヴィッテンベルクの一致信条への承諾を取りつけることに成功せず，第一「スイス信仰告白（Confessio

---

39) ベルンの討論の最終弁論と宗教改革令を伴ったベルンの教会会議，M. Bieler, による翻訳．Bern 1978.
40) ヴィレの著作については，G. Bavaud, Le Réformateur Pierre Viret, Genf 1986. を参照のこと．

Helvetiea prior 1536)」は，ルターへの最大限の譲歩を意味した[41]．何といってもこの信仰告白は，福音の内容的叙述に先立ち聖書についての条項を設定した，その卓越した部分によって，それは第一級の改革派の文書であった[42]．

この信仰告白によれば，聖餐の形式は「空しいしるし」はなく，それは……霊的食物としてのキリストの体と血と真の交わり（communicatio!）を現在化する[43]．ブツァーとカピトのドイツとスイスへの多くの旅行は，南西部の教会がその調停的な神学の助けでヴィッテンベルクの一致信条に加わり，シュマルカルデン同盟に加盟することができるという，とくにドイツにおける働きを示した．ブツァーとメランヒトンの接触は改革派の流れを増強するために重要であった．実際，メランヒトンは1534年から，まずは私的であったにせよ，聖餐論におけるブツァーの見解に近づいた．

ブツァーはウルム（1531年）とアウクスブルク（1534-1536年）の宗教改革に関与し，1530年からはピエモンテのワルドー派との，1540-1542年には「ボヘミア兄弟団」との接触を試みた．彼はヘッセンの新しい宗教的な組織化に協力し（1538年），そして一時，ボンに滞在した．

---

41) 同年にツヴィングリの「信仰の解明（Fidei expesitio）」および，彼とエコランパディウスの交信が出版された．

42) 第一スイス信仰告白の第1条を参照のこと．すなわち，「聖にして，神に発する〔正典〕聖書は，それがあるままで神の御言葉である．それは聖霊によって教えられ，預言者と使徒たちとによって，この世に対して明らかにされた．それは最も古く，かつ最も完全で，最も崇高な教えであり，神のまことの認識と愛と栄光にとって，また正しく真実な敬虔と，信仰深く，尊敬に値し，神に祝せられた生き方に必要な教えのすべてを含む」（原テキストBSRK 101）〔RCSF Ⅰ-456〕．

43) 第23（22）条（22：BSRK 107）〔RCSF Ⅰ-486〕．ドイツ語とルターに向けられたラテン語の版の間の相違は，ブツァーの合同の試みがいかに多義的であったかをかなりはっきり示している．

そこで彼は1543年にメランヒトンとともに，ケルンの大司教ヘルマン・フォン・ヴィートのために教会規則を起草した．しかし，これは発効しなかった．これらの活動のすべてが，その見解を広め，明らかにすることをこのストラスブール人に可能とした．

　しかし，ヘッセン（Hessen）においてのみ「ツィーゲンハインの規律規則」をもって1539年に信仰の教育を受けた子どもの堅信礼ならびに，当局によって一部が任命され，教区のメンバーによって一部が選ばれた教区の長老による，道徳規律の規則施行が導入された．すでに1526年のホンベルクの教会会議以来，ヘッセンでは以前のフランシスコ会士フランツ・ランベール・フォン・アビニヨンの草稿が知られていた[44]．その計画は次の規則を備えていた．すなわち，牧師と執事の任命のための地域の信徒の会議が主権者として行動すること．教会の破門は効力をもつこと．牧師と信徒の代表から構成される教会会議が設立されること．人々が意見を求めたルターはその提案を警戒し，その結果，フィリップ方伯はこれを断念した．ところでこの計画では長老主義の立場での職務については語られていなかった．別の計画をカピトが1535年にフランクフルトで提出した．すなわち，市参事会が教会役員会を任命するのである．そこではツンフトのメンバー，市参事会の代表者，そして教会の職務担当者が議席をもつことになっていた．しかしながら破門は，1530年のバーゼルのモデルの場合におけるのとまったく同じように市民の権力の手に留まっている．

　全体として次のように言うことができよう．すなわち ── ヘッセンにおける場合を除いて ── カルヴァンとジュネーブ以前に，もし聖餐の問題におけるスイスの特殊な歩みを一応無視すれば，明確に改革派の信仰告白の出現を予告したのは，教会の組織化の成果というよりはむし

---

　44) G. Müller, Fr. Lambert und die Reformatio in Hessen, Marburg 1958 ; Ders., Lambert von Avignon, in : TRE XX, 415-418. を参照のこと．

ろ，それに一部メランヒトンも加わったブツァーとカピトの思想と経験とであった．聖餐の問題に関してはブツァー，メランヒトン，カルヴァンは中道を歩んだ．それはなおより明確に規定されねばならなかったのである．国家宗教の理念がベルンとジュネーブでは，他の所と同様に（ここでもヘッセンを除外すれば）勝利した．上述の三人の宗教改革者はメランヒトンによって完成された教理を共有した[45]．これによれば，世俗の権力は現実的に二枚の律法の板を遵守するように監視しなければならなかった．

　ブツァーは，職務論をも生み出した．これは教会自身による内部の規律をもつことを可能にするものだった．この問題はつまり政治的で，同時に教会的であった．未解決の案件におけるカルヴァンの炯眼（国家の役割，固有の制度において強力な教会の必要性），最終的に改革派とルター派が分かれた聖餐の問題の解決，フランス，ネーデルランド，スコットランドのように新しい政治的な地域におけるカルヴァン主義の宗教改革の拡大，これらが，この改革を「第二次宗教改革」の推進力とし，改革派教会の特色を固めていったのである．

---

45) J. Heckel, Cura religionis, ius in sacra, ius circa sacra Darmstadt 1962. を参照のこと．

## Ⅱ． カルヴァン主義

　カルヴァンの主著『キリスト教綱要』[46]は，言語的に理路整然としたキリスト教教理の体系を成しており，これを宗教改革者カルヴァンは1536年以来，絶えず増補推敲し，ジュネーブでもこれを継続した．これによって，この都市が全ヨーロッパへのカルヴァン主義の拡大のためのモデル，前進基地となったのである．それにもかかわらず，この「カルヴァン主義的体系」は改革派の教派のそれと，完全に等値されてはならない．討論とその歴史の過程で常にくり返して発言される改革派教会の内部の危機のみならず，とりわけ二つの要因がそれを許さないからである．

　第一に，カルヴァンの教会の改革についての理解は「並はずれて機敏であった」[47]という事実，たとえば教理の分野において，彼の「主要な教理項目」の理論は次のようになっている．すなわち「救いのために必要

---

[46]　短縮したタイトル：IRC OS III-V. ドイツ語訳：J. Calvin, Unterricht in der Christlichen Religion. Übers. Von O. Weber, Neukirchen 31984..

[47]　R. Stauffer, Calvin et la catholicité évangélique, in: RThPh 115 (1983) 150.

ノワイヨンの風景　クロード・シャスティロンの銅版画

なキリスト教の宗教のこの主要な教理」の承認が，キリスト教会の定義を満たす．それゆえ，カルヴァンがその教理をすべて貫徹したジュネーブと，彼の目には福音主義の信仰を脅かさないと映る相違点あるいは暗黙に見過ごすことができる地域とが区別される．こうした理由で，ジュネーブの宗教改革者は，ツヴィングリ主義者やルター主義者に対して一定の譲歩をして「福音主義の普遍性」を救う用意があった．こうした教会論において，ジュネーブのモデルの奴隷的な模倣を要求する考えとは無縁であった．たとえばイングランドとポーランドのための改革の提

---

48) カルヴァンの手紙，そこで彼は，ジュネーブにおけるその信奉者に，彼自身のストラスブールへの追放にもかかわらず，ジュネーブの教会の交わりに留まるように勧告している（COX, 352=CR38）．原理的な点については IRC, IV, I, 12 ; IV, II, 12 ; IV, II, 1. を参照のこと．

49) カルヴァンのサマーセット公，エドワード・シーモアへの手紙（ジュネーブ，1548年10月22日）を参照のこと．In : R. Schwarz (Hrsg.), Johannes Calvins Lebenswerk in seinen Briefen, II : Die Briefe der Jahre 1548-1555, Neukirchen 1962, 437-448.

案は長老主義の体系を導入しようとするものではなく，伝統的な教会の司教の教階制を引き続き認めようとした．

こうしたカルヴァンの現実的感覚は，以後，宗教改革の教会を一方でローマ・カトリックから，他方で再洗礼派あるいは類似の心霊主義から[50]，原理的に分かつ彼の明晰な洞察から生まれたものである．

第二に，カルヴァン主義が実際に出番となったさまざまな宗教的，政治的文脈と，各々個別に発生する地域的な解決は，一つのモデルの単なる再現では語れない．時にはカルヴァン主義の神学が単独で出現し（ポーランド，ハンガリー），時にはすでにルター主義の宗教改革によって組織された諸侯の領邦教会（プファルツ，ナッサウ＝ディレンブルク）[51]に順応したのは，この神学とこれに加えて一定の特徴的な制度であった．時には厳格なカルヴァン主義が長老主義＝教会会議的な体系のように新しい解決を発見した．これはその発生の地フランスから，ネーデルランドとスコットランドに広められた．その際，われわれは英国国教会の固有の道を一度も述べてこなかった．このように多様に形を整えたカルヴァン主義の成果は，明瞭に決定された前線での宗教改革者の好戦的で譲歩しない性格と，ジュネーブのモデルというこの「新しいエルサレム」から放射したカルヴァンの順応する用意と能力をもつ性格とによって説明されよう[52]．

---

50) ルターと同じくカルヴァンも「神の言葉を捨てる自称再洗礼派と同様ローマの教会」を咎めた．Stauffer, Calvin. を参照のこと．

51) P. Münch, Zucht und Ordnung. Reformierte Kirchenverfassungen im 16. Und 17. Jahrhundert, Stuttgart 1978 を参照のこと．

52) A. Dufour, Le Mythe de Genève au temps de Calvin, in; Ders., Histoire politique et psychologie historique, Genf 1966, 63-95. を参照のこと．

## 1. カルヴァンの仕事

ジャン・カルヴァンは[53]，1509年7月10日にノワイヨン（ピカルディー）で司教座聖堂参事会の管財人，ジェラール・コーヴァン（ラテン語化してCalvinus）の息子として生まれた．彼はパリでド・ラ・マルシェ学寮およびモンテギュ学寮に通い，文学修士の学位を得た．法律の勉学のためにオルレアンに，それからブールジュに赴いた．パリで彼は新たに王立学院での勉学の際，人文主義のサークルと接触することになり，セネカの「寛容論」に関する学術的で文体的にすばらしい註解書の出版（1532年）によって文学的な名声を博した．大学の学長，ニコラ・コップの「福音主義的」に影響を受けたカルヴァンが起草したと思われる就任演説の結果，彼はパリから逃れねばならなくなり，アングレームに引きこもることとなった．そしてローマ教会との断絶にいたった．カルヴァンは後にこの断絶を「突然の回心（Subita ad docilitatem conversio）」に帰した．これまで彼の勉学を可能にした聖職禄の放棄によって（1534年），彼は

---

53) カルヴァン，その生涯とその仕事に関しては，以下を参照のこと．Imbart de La Tour, Les origins de la Réforme IV; W. F. Dankbaar, Calvin, sein weg und sein Werk, Neukirchen 1959; A. Ganoczy, Le jeune Calvin. Genèse et évolution de sa vocation réformatrice, Wiesbaden 1966（英訳 Edinburgh 1988）; J. McNeill, History and Character of Calvinism; T. H. L. Parker, John Calvin. A Biography, Philadelphia 1975; R. V. Schnucker (Hrsg.), Calviniana. Ideas and Influence of Jean Calvin, Kirksville 1988; W. J. Bouwsma, John Calvin, New York – Oxford 1988; W. Nijenhuis, Calvin, in: TRE VII, 568-692; R. Stauffer, Johannes Calvin, in: Gestalten der Kirchengeschichte, hrsg. von M. Greschat, VI : Die Reformationszeit II, Stuttgart 1981, 211-240 ; T. George (Hrsg.), John Calvin and Church. A Prism of Reform, Louisville 1990. カルヴァン-フェララの公爵夫人については，F. W. Barton, Calvin and the Duchess, Louisville 1989. を参照のこと．以下の論文，W. H. Neuser (Hrsg.), Calvinus Servus Christi, Budapest 1988. は有益である．

1. カルヴァンの仕事　41

ジャン・カルヴァン　同時代の銅版画

その生涯におけるこの転換点を記録に残している．
　ローマ・カトリックのミサへの攻撃を内容とする1534年10月の「プラカード事件」の後に，カルヴァンはバーゼルに避難地を求めた．ここで彼は1536年に『キリスト教綱要』初版（キリスト教の宗教の手引き）

を執筆した．彼が勉学の間に獲得した人文主義的教養を投入して，彼は信仰をルターの信仰問答において守られている題材の配列に従って（律法・信仰・祈り）詳述し，加えて，同様にザクセンの宗教改革者の考えに従って，サクラメントと「キリスト教の自由」を定義することによって，その中で迫害されている同郷人を弁護した．フェララの公爵夫人ルネ・ド・フランスのもとに，続いて家族の案件の整理のためにフランスに滞在した後で，カルヴァンはフランスの亡命者が避難地を求めたストラスブールへ行こうとした．しかし，回り道を強いられ経由したジュネーブで，彼をこの都市にすでに宗教改革のため居住していたギョーム・ファレルと出会わせることとなった．ファレルは始めた仕事をカルヴァンと一緒に，さらに固めるようカルヴァンに懇願した[54]．カルヴァンはサン・ピエール教会での「聖書の講師」に任命され，そしてファレルとともに「四条項」(Articles concernant l'organisation de l'Eglise, 教会の組織に関する条項) を作成した．その中では（毎週ではなく）月毎の聖晩の祝いと教会的破門が要求されていた．カルヴァンが教理問答の導入と自分の書いた信仰告白へのすべての住民の署名を要求したとき，市参事会は不機嫌な反応をした．市参事会がその主権のしるしとして都市に強引に押しつけたベルンの典礼上の慣習の受け入れを，カルヴァンが拒否したので1538年に，ファレルと一緒に彼はこの都市を去らねばならなくなった．

　カルヴァンはストラスブールへ行った．そこでは，ブツァーの強い要請でフランス人の亡命者教会の指導を引き受けた．彼はそれに典礼上，規律上の組織を与えた（聖餐の前に牧師と面会する義務，教会世話人の任

---

54) ジュネーブの教会の職務の担当者への死の床でのカルヴァンの別れの言葉を参照のこと．OS II 401:「わたしが初めてこの教会に来たときには，いわばそこには何もありませんでした．説教はなされていました．それがすべてでした．人々はあちらこちらから偶像をかき集めて探し出して，それを燃やしていました．しかし，宗教改革はありませんでした．すべては上へ下への大混乱に陥っていました」．

命)．ストラスブールのギムナジウムでの新約聖書の講師として，カルヴァンはブツァーの仕事を徹底的に知る機会をもった．ブツァーとカルヴァンは1540-1541年に，ハーゲナウ，ヴォルムス，レーゲンスブルクの宗教会談に参加した．この時期に出版された文書は，すでにカルヴァンの将来の著作の大きな輪郭を予感させる．彼はローマ書の註解書（*Commentaire sur l'Epître aux Romains*）を書いた．その中で彼は「バーゼル＝ストラスブール釈義学派」の方法を注目すべき明瞭さで適用した．

次に，枢機卿ヤコポ・サドレートへの返答（*Réponse au Cardinal Sadolet*）を書いた．ここで彼はローマの教会からのジュネーブの離反を弁明した．最後に，聖晩餐に関する小論文（*Petit Traité de la Sainte Céne*）を書き，ツヴィングリ派とルター派との間の聖餐論争を，ブツァーのものよりさらに明確な定義によって克服できるのではないかと考えた．『キリスト教綱要』のラテン語第二版（1539年）とそのフランス語訳（1541年）は，この実りの多い年月の神学的認識を部分的に取り入れた．

さて，治安をもたらすことができなかったジュネーブの市参事会の願いに応え，カルヴァンは1541年にジュネーブへと戻った．そして，彼はこの都市で23年間，1564年の死にいたるまで過ごし，中断したのはただスイスをめぐる，またはドイツへの短い旅行だけだった．カルヴァンは，その考えを市参事会における多数派の「自由主義者」と指導的な都市貴族（1548-1555年）の政治的な反対にもかかわらず，徐々に貫徹した．彼らは，宗教改革が一つの新しい教会的な専制政治になったことに感情を損ねたと言うのであった．[55]

---

55) 別れの言葉，OS Ⅱ，402.を参照のこと．「わたしはここ（ジュネーブ）で傲慢からの小競り合いを経験しました．わたしは，一度，夕方私の家の戸口の前で 5, 60 名の狙撃兵に冗談での祝砲で迎えられました．白状しますが，哀れな学生で，当時も今でもそうである内気なわたしをそれがどんなに怯えさせたか，あなたがたは想像することができるでしょう」．

1541年以来有名な四つの教会の職務（牧師，教師，長老，執事）の定義をもつ教会規則 (*Ordonnances ecelésiastiques*)，次に1542年には，問いと答えの形式での教理問答 (*Catéchisme*)，そして祈りと教会歌の礼拝式 (*La Forme des prières et chants ecclésiastique*) がジュネーブの教会の顔を変えた．教会自身はその規律においては，教会役員会 (Konsistorium)（牧師と長老）の下に置かれたのである[56]．

カルヴァンは，破門の問題で教会役員会が有罪者を市参事会に「移送する」という妥協に同意したが，しかし，本質的なこと，すなわち，この領域における教会の権利には固執した．「教会規則」の最終的な改訂（1561年）は，世俗的権力と教会的権力の権限を，カルヴァンの考えで解決した．

その宗教的反対者，たとえばセバスティアン・カステリョ（聖書正典について），あるいはジェローム・ボルセック（二重予定の帰結について）との，宗教改革の論争は悲劇的な結末をみることになる．1553年にはスペインの人文主義者ミカエル・セルヴェトゥスは三位一体の教義を否認したために，火刑に処された．聖餐の問題では「チューリヒ協定」が1549年にスイスの教会を統一した．このことはブリンガーがボルセックの件で，カルヴァンと距離をおく障害とはならなかった．カルヴァンは以後，厳格なルター派に「サクラメント主義者」の党派の頭目と見なされた．

1559年には，──カルヴァンの分身，フランス人テオドール・ベザ（ド・ベーズ）の指導のもとでの学院の創立は──『綱要』の最終版（フランス語訳，1561年）とともに，宗教改革の首都としてのジュネーブの役割を決定的なものとした．カルヴァンは，今やブリンガーと並んで，

---

56) 別れの言葉，OS Ⅱ 403. を参照のこと．「ストラスブールからのわたしの復帰後，わたしは大急ぎで教理問答を書きました．というのは，人々が，わたしが教理問答と規律を引き受けることができると彼らがわたしに誓ったときに，初めて教会の職務につくつもりだったからです」．

全ヨーロッパとの文通をとおして，たとえば，説教と釈義の講義におけるその言葉をとおして，またその多くの著作の無数の版をとおして，改革派プロテスタンティズムの指導的人物であった．ジュネーブの教会のつましい仕え人として，そこに流れ込んだ亡命者のために，そしてそれに目を向けた君侯らのために，愛してはいなかったというこの都市を，彼は新しい信仰の砦へと改造したのである．

## 2. 神と救いについての教理

　カルヴァンの教理は多くの資料，とくに教会教父，ルター，メランヒトン，ブツァー，ツヴィングリからの一つの神学的な統合（Synthese）であって，神学生とその聖書の学びのための教科書としての『綱要』の大きな総体に組み込まれている．その体系的な性格は，これが展開され

---

57)　別れの言葉，OS Ⅱ, 402. を参照のこと．「あなた方は，この腐敗した不幸な土地で生活しています．善良な人々もいますが，しかし全体では人々は荒廃し悪意に満ちています．あなたがたはここで多くのことをしなければなりません」．

58)　別れの言葉，OS Ⅱ, 402. を参照のこと．「勇気を出して強くなってください．というのは神がこの教会を用いられ，それを維持されるからです」．同じく 403,「あなたがたにお願いします．何も変えないでください．新しいものは何も導入しないでください．しばしば人は新しいものを持ちたがります．わたしが名誉欲から自分のために仕事がいつまでも存続するように願っているからではなく，人々がそれに固執し，それより良いものを願わないように，わたしはこのことだけを言いました．というのは，あらゆる変更は危険であり，時々害になるからです」．

59)　F. wendel, Calvin, Sources et évolution de sa pensée religieuse, Paris 1950. ドイツ語訳：Calvin, Ursprung und Entwicklung seiner Theologie, Neunkirchen 1968 ; W. Niesel, Die Theologie Calvins, München 21957 ; Neuser, Dogma 238-272. を参照のこと．

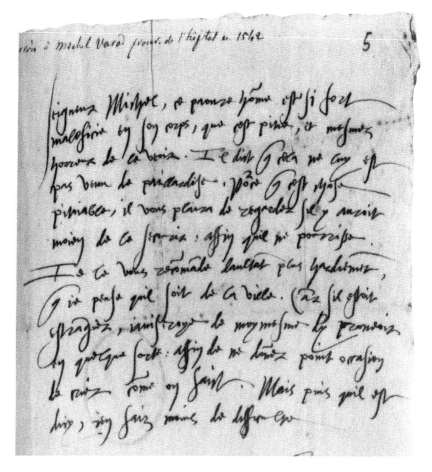

ジュネーブの病院の院長ミシェル・ワローへの,カルヴァンの手紙

るその四巻の配列で明らかとなっている.すなわち,1)「世界の創造者,その至高の主」としての神の認識,2)「イエス・キリストにおける救い主」としての神認識,3)「われわれがイエス・キリストの恵みを受ける方法,そこからわれわれに生ずる果実,そこから生ずる効果」,4)「われわれをイエス・キリストとの交わりに招くために,神が用いられる外的手段

と助け」．改革派の神学者としてのカルヴァンの本来の貢献は，宗教改革者の使信の実践的，霊的，制度的な帰結を注視するしかたと，そして一定の強力なあるいはまったく新しいカルヴァン主義に特有な強調点を置いたことにあった．

　カルヴァンは戦闘的に，彼の正しいと認識する福音主義のキリスト教のかたちを貫徹しようとした．彼の闘争は「心霊主義的[60]」個人主義，人文主義的な「世界」への順応（ニコデモ主義[61]）およびローマの教会に向けられていた．彼にとっては，宗教改革の教会に議論の余地のない教理と完全な規律を備え付け，それを守ることが問題であった．ギョーム・ビュデ（Budaeus）あるいはツヴィングリのような人文主義者のありかたに従って，カルヴァンは，神認識とこれに関連し，これに依存する人間の認識で始めた[62]．

　しかし，被造物として「宗教の芽」を身につけているすべての人間への神の一般的啓示は，原罪以来の全面的堕落のために人間を正しい神認識に導かない．つまり，この最終的に効力のない啓示は，人間を弁解できないものにする．聖書の中には特別な啓示が記されている．ここでは神がわれわれの弱さに同化し，そしてわれわれに親しい調子で，われわれが救いのために必要とすることを語る．したがって，聖書は，真理とキリスト教的生活のための，他に代えることのできない基礎である．「最高の善」は，神を父として認識することにある．なぜなら，神はわれわ

---

　60)　「フランス信仰告白」第26条（1559年）in : The Creeds 374 :「それゆえわれわれは信じる，だれも別々に離れたまま身を引いて自分だけで満足しているべきでなく，皆が一緒になって教会の一致を守り……」（Niesel, 72）〔RCSF Ⅱ-174〕を参照のこと．

　61)　ニコデモ主義（Nicodemismus）は福音主義の使信を受け入れ，同時にローマの儀式に固執することを企図している．

　62)　IRC Ⅰ, Ⅰ, 1. を参照のこと．「われわれの知恵のすべては，それが実際知恵の名に値する限り……根本的に二つのものを含んでいる．すなわち，神の認識とわれわれの自己認識である」．

れがその意思をおこない，それによってわれわれによって讃美されることを欲するからである．この啓示された意思から逸脱するすべてのもの，また人がそれに付け加えるすべてのものも，神からその栄光を奪い取る「偶像礼拝」[63]なのである．

聖書の内容はカルヴァンによってローマの信徒への手紙の光の中で解釈された．というのは，「この手紙は……それに特有なしかたで，その発言の真の意味を把握した誰もが，まさにそれによって聖書の隠された宝庫へのすべての扉が開かれているのを見ることができるように，試みているからである[64]」．この点で彼はルターとメランヒトンにつながった．つまり「福音の説教」が教会を設立し[65]，そして説教された神の言葉が神の「約束」（罪の赦し）を効力をもって告知する．

宗教改革のみ言葉の神学に忠実に，カルヴァンは後の改革派の正統主義のようにではなく，聖書の霊感の扱い方に気を配った．彼の関心を惹いたのは，この霊感は信者によって「聖霊の内的証言」をとおして認識されるという事実であった．聖霊が聖書の正典にとっての唯一の保証で，神の言葉との出合いによって，義とされた罪人の深い内的な，そして絶対的な確かさの創始者なのである．

「人間の教理」「迷信的なしきたり」（実は同じものであるが）と，神の前で自己弁明しようとする罪ある人間の意志と聖書の証言との間での[66]

---

63）「ハイデルベルク教理問答」問 95 を参照のこと．「問　偶像礼拝とは何ですか．答　御言葉において御自身を啓示された唯一のまことの神に代えて，ないしは神と並べて，人間が信頼を置く，何か他のものを創作したり，所有したりすることです」（Niesel. 173）〔RCSF Ⅲ-95〕．

64）　Johannes Calvins Auslegung des Römerbriefes und der beiden Korintherbriefe, hrsg. von G. Graffmann u. a. Neukirchen 1960, 9.

65）　したがって，カルヴァンは後期の大きな信仰告白においてみられるように，福音の内容を聖書の原理から分離しない．この内容はキリストにおける神の救いの意思である．

66）「スコットランド信仰告白」第 15 条．「それゆえだれでも自分自身

二者択一 ── この選択がカルヴァンの場合，ローマの伝統の全機構との，そしてルネサンスの楽天的な人文主義とのあらゆる妥協を禁ずる．聖霊の内的な証言は強力な内的な光を引き合いに出す．しかしこの証言は，霊が両者の根本的な基礎であるゆえに，権威ある教会の聖書の講解がその光を暗くすることはない．

　神は聖書において三重に自らを啓示する．カルヴァンは神の位格の区別と一致の伝統的な教義を，それが神についての発言を唯一のものに結合する限り弁護した．彼はまたそれを，彼にキリストの神性を明らかに述べることを可能にするがゆえに，キリスト論的な帰結に基づいても弁護した．それにもかかわらず，カルヴァンはその教義の思弁的・神秘的な含意を展開しなかった[67]．創造は三位一体の業であり，まず，人間の創造をめざしている．しかしながら，その本来の最終目標（causa finalis）は神の讃美である．宇宙は目に見える現実と目に見えない現実を包含している．その際，カルヴァンは「迷信」に対する恐れから，純粋に道具として用いられる天使の役割を強調している．創造の頂点は人間である．その魂は不死であるが，しかし永遠ではない．摂理についての思想をカルヴァンは『綱要』の第一巻の終わりに挿入した．というのもそれは実際，さらに続く創造以外の何物でもないからである．神はあらゆる瞬間に，世界と人間を守り，維持し，導く．カルヴァンは偶然とか運命という考えを拒否し，第二原因の働きを最小限に限定した．これは彼の場合，たとえば，メランヒトンがおこなったような人文主義的な占星術の拒否にいたった．彼はいたるところで神の父としての手が

---

　　の業の功績を誇（る者は）……呪うべき偶像礼拝に信頼を置いているのである」（BSRK 256）〔RCSF Ⅱ-207〕．

67）「フランス信仰告白」の教理における伝統主義は「使徒信条」および「ニカイア」と「アタナシウス」の信条の受容に示されている．「なぜならそれらは神の言葉に一致するからである」（第5条，Niesel 67）〔RCSF Ⅱ-153〕．

働いているのを見た．神はかくて悪人さえも，その意思へ奉仕させるほど，その義をおこなわれる．カルヴァンはとりわけ世界に対する神の関係の中で，動的なものと能動的なものを強調した．それは信者にとって，このように自分が神の手の中にあることを知る，慰めと確かさの源である[68]．

人間は聖書をとおして，人間がもはや原始の状態にいないことを認識する．アダムの罪がその現在の悲惨と，すべての人間が失われている有様を説明し，その転倒した悟性と腐敗した意志が，絶え間ない罪の源である．このようにして人間は，もちろん，強制されることなく，必然的に罪を犯す．意志の自由は破壊されているが，しかし，それにもかかわらず，人間の意志は加担しており，その責任は残っている．こうした悲観的な人間の状態の記述が，選ばれた者がいかに徹底的に生まれ変わったかを，カルヴァンが明らかにするのに役立った．徹底的にとは，現実に救われているからである．それはしかしながら，救いのこうした強い強調の後に，創造者の賜物，たとえば知的，道徳的，技術的，社会的な生活の人間による創意をたたえることをも妨げない．アブラハムとその子孫において，神はその恵みの契約によって，人間との交わりを回復された．ただ一つの神の契約，アブラハムから今日にいたるまで，ただ一つの教会があるだけである[69]．

旧約と新約は互いに対立しているのではなく，相前後して続いている

---

68)「フランス信仰告白」第8条を参照のこと．「というのも，すべてのものを御自身のもとに従わせておられる神は父としての配慮をもってわれわれを見守っておられ，かれの御意思なしにわれわれの頭の毛の一本も落ちないであろう」（Niesel. 68）〔RCSF Ⅱ-156〕．

69) カルヴァンは迫害されている信者に常にくり返して，ヘブライ民族の実例を示し，まさにこの「古代の教会」との改革派の叙情詩的な一致を作り出した．Jean Calvin, Tráité des scandales, hrsg. von O. Fatio, Genf 1984. を参照のこと．

のである．旧約において約束された真理，キリストの恵みは，その本質によれば，新約において完全に啓示された真理と同じものである．ただ，人間に救いがどのように与えられるかによってのみ，福音と律法が区別される[70]．律法に関しては，祭儀・法律規程は廃止されている．しかし，その約束と戒めは新約においても再び見出されるのである．

律法は，人間をキリストに導くために罪を明るみに出す．律法のこの教育的な重要性と並んで，律法は人間の本性の中に記されてはいるが，しかし，罪によって帳消しにされた義と誠実に対する生来の感覚をも強める．この律法の政治的「用法」は，再生していない者が，その悪意のままに歩むことを防げるものではない．しかし，本来のキリスト教の用法は，信者をその生活において，神の意思のもとへ，常により完全に服従するように手助けすることである．キリスト者の自由は信者を律法の呪いから，義認に基づいて解放する．ここではカルヴァンは律法と福音についてルター派の弁証法によって語った．彼はしかし，キリスト者の自由は聖霊による生活の中で，少しずつ律法の道徳的規定のすべてを内的に習得するという事実を固守する．神の意思は，カルヴァンによれば新約においても，旧約においても同一なのである．教会との神の契約は最終的にキリストの仲保者の業において完成する．

カルヴァンは両性について，キリストは真の人間で真の神であるという教理についての教義学の伝統を受け継いだ．キリストは人間としては「第二のアダム」であり，われわれを神と和解させるために身をささげることによって，われわれの罪を清算された．神としては，キリストは，人間にまで身を貶められた．かくしてキリストは，創造者に対し

---

70) 「フランス信仰告白」第 23 条を参照のこと．「さらにわれわれは，われわれの生活を規制するためにも，また福音の約束を堅く信じるためにも，律法と預言者に助けを求めなければならない」（Niesel, 71）〔RCSF Ⅱ-171〕を参照のこと．

て，無限の罪を償い，死に勝利することができた[71]．つまりカルヴァンは，中世の贖罪論の概念（カンタベリーのアンセルムス）で考えたが，しかし，キリストの位格における両性の一致への問いへの思弁的関心は示さなかった．属性の交流の教理を彼は拒否しなかったが，しかし，いつも考えられる両性の結びつきではあっても，それなしでは説明できないイエスの言葉と業が見られる福音書の箇所に応ずるためにのみこれを用いた．カルヴァンはルターと対照的に，神の遍在（Ubiquität）をキリストの人性に帰すことを拒否し，その神性はわれわれの人性のうちに閉じ込められ，捕らえられないことを強調した．後に人々が「カルヴァン主義的外部（Extra Calvinisticum）[72]」と名づけたものは，したがって，神性を人性とのあらゆる混合から遠ざけ，そして受肉の客観的な結果を表すことを目的としている．

　御子がわれわれ人間存在を受け入れられたことによって，その王国を放棄したのではなく，これを世界と教会に広げたのである．つまり，今やその霊によって御子が保持しておられる教会に広げられたのである．キリストの業を記述するために，カルヴァンは伝統の中で前もって与え

---

71) 「ハイデルベルク教理問答」は問44でカルヴァンの実存的な解釈を取り入れた．「問　なぜ次に『陰府にくだられ』が続くのですか．答　わたしは最も深刻な試みにあっても，わたしの主キリストが十字架の上で，またそれ以前に，御自身の魂において受けられた，言語を絶する不安，苦痛，そして恐怖によって，わたしを地獄のような不安と苦痛から救い出してくださったということを確信するためなのです」（Niesel : 159）〔RCSF Ⅲ-44〕．

72)　カルヴァンはキリストの人性と神性の間を峻別するに際して「肉的なもの」と「霊的なもの」，人間的なものと神的なものを絶えず互いに対置したツヴィングリとまったく同じく考えた．しかし，そのためにカルヴァンに，「有限は無限を容れえない」といった形而上学的評価を認める必要はない．こうした評価は改革派の正統主義において初めて生じるのである．

られた要素を，彼の独特な三職論の中で体系化した[73]．

　預言者としてキリストは父の知恵全体を啓示し，王としてキリストは王国を建てる．つまり，肉的な，あるいはこの世の王国ではなく，聖霊の力によって信者には霊的に働き，これに対して悪人には厳しい権力をとおして働く王国である．大祭司として御子は最後に完全な犠牲としてのその自己犠牲によって，神の怒りを鎮めた．御子の償いと従順とを受け入れて，神は永遠から定められていた信者の選びを実現される．

　個々人は誰でも，救いを自分のものにし，恵みを手に入れようとすれば，本人が信仰をとおしてキリストとの交わりに入らねばならない．

　信仰は聖霊の賜物である（カルヴァンは聖霊について，三位一体の第三の位格としてよりも，われわれをキリストと一つにする絆として好んで語る）．このキリストとの一致を彼は神秘的な深みをもった言葉で描写するが，しかし，それによってこの一致が実現される信仰を信頼に満ちた希望，まったく宗教改革の意味でのキリストにおける希望に満ちた信頼として定義した．信仰はまた「われわれに対する神の好意の認識」でもある．信者の再生あるいは聖化をカルヴァンは，まだ信仰による義認以前に論じ，義とする信仰は，業なしには現れないことを，疑いもなくそのことで示そうとしたのである[74]．

　再生の中で，キリストは信者の全存在を捉え，「古い人間」を殺し新しい生活へ加わることをとおして，信者の中に神の像を回復し始める．

---

73）　この教理は後に，ルター派とカトリックによっても取り入れられた．

74）　「フランス信仰告白」第22条「われわれは，生まれつき罪の奴隷であるが，この信仰によって新しい命に再生すると信じる．ところでわれわれは……神を畏れつつ聖く生きる恵みを，信仰によって受けるのである．かくて信仰は善く聖く生きる熱心を冷却しないだけでなく，むしろそれをわれわれのうちに引き起こし，刺激し，必然的に善き業を生み出す」(Niesel, 71)〔RCSF Ⅱ-170〕．

しかし，新しい生活は，十字架につけられ，甦られたキリストとの一致である．これは父の国におけるその完成をめざす一致の程度に従って現実に成長する．それにもかかわらず，再生した者は罪人に留まり，その生活は悔い改めであることに変わりない．悔い改める人間は，しかしながら抗し難い恵みによってよびかけられており，主観的・客観的に地上での派遣に備えるために彼を武装する堅忍の恵みを授かる[75]．

信仰による義認は「キリスト教の根本的な信仰の条項」である．それは論理的には聖化と区別されるのではあるが，しかし両者はキリストとの一致に由来する．キリストは義認において，選ばれた者に罪の赦しをもって恵みを与えられる．その際に，キリストの義が彼らに加算され (imptatio)，こうして彼らの益となる（ルター，メランヒトンを参照せよ）．この他人の始めから完全な義が，信者自身のあらゆる義を排除する．信者は罪人に留まる．またその業も罪人の刻印を帯びており，神に喜ばれるためには，義認を必要とする．キリスト教の道徳に流れ込む聖化は，信仰による義認の中でその真の展望を与えられるのである．つまり，すべては神の賜物に帰されるのである．これによって，神はキリストにおける信者の選びを実現される．予定は，それがカルヴァン主義の遺産の中で決定的となるにしても，カルヴァン主義の神学の核心にはほど遠い．神についての教理の中での摂理，それが救いの業における予定である．ツヴィングリと異なり，この選びをカルヴァンは，チューリヒの神学者が前もって最高善として定義した神の摂理に応じては分類しなかった[76]．

---

75) したがって，すべてのことは神の意思に依存している．人間が生み出すすべての善を，人間は神によって授かった．罪における苦痛を伴う不安と恵みに対する喜びに満ちた感謝がカルヴァン主義の霊性の二つの焦点である．これらは互いに生き生きと支え合う．霊的な生活はあらゆる道徳主義を超え，あふれ出るのである．

76) IRC III XXI, 1.を参照のこと．「彼ら（二重の予定の反対者）を脅えさせるこの暗黒の中で，この教理の益のみならず，途方もない甘い

## 2. 神と救いについての教理

聖アウグスティヌスの思想を先鋭化したその二重の形式で，予定はその根拠を「ある者を永遠の生命へ，他の者を永遠の断罪へ定める」神の永遠の決定にもっている．予定はあらゆる神の予知，したがって，人間の業にも依存しない．それはある場合には，ただ神の憐れみ，別の場合には，ただ神の義に基づいている．カルヴァンはこの予定を本質的に実践的な根拠から主張した．これはみ言葉を聴く者すべてが，必然的なしかたで救いのためにこれを受け入れるのではないという経験的事実に光を投ずる．それに加えて，いわれのない選びと信仰におけるキリスト者の堅忍の教理に固い根拠を与える．信者はこの「秘密」について思弁を弄してはならず，その生活の中に，この選びに伴う神の賜物を認める前に，彼らの選びの「鏡」であるキリストを見なければならない．[77]

カルヴァンにとっては，そうした教理が必要で有益であった．しかも彼はそれを厳しくではなく，キリスト論的な，また聖書的な基礎を特別に強調して説教した．とは言うものの，彼はそれをジュネーブを通じて公式に受け入れさせ，『綱要』の中でそれに，より体系的な，そしてよ

---

実が明らかとなる……」．カルヴァンによれば神は怒られると同時に憐れみ深い．「至高善」は神を父として認識することにある．ツヴィングリにとっては，神は至高善である．つまり選びはその摂理に適合させられている．カルヴァンは聖書の実状に忠実であろうとする．ツヴィングリは人文主義の哲学者として考え，判断する．

77) カルヴァンは「実践的な推論」について，後のピューリタンの教義のようには判断しなかった．この教理によれば，つまり選ばれた者はこれに伴う良い業のうちに，その選びの証明をもっている．カルヴァンによれば，選ばれていることを認識するのは信仰である．「永遠の予定に関する講義（La Congregation sur l'élection éternelle）」なる文書は，この分野におけるカルヴァンの教理を説明しているが，ジュネーブでは信仰告白と見なされた．しかし，1542年の「ジュネーヴ教会教理問答」は会衆をこの教理に義務づけなかった．彼は次のように述べることで満足したのである．「問　公同の教会とは何ですか．答　それは神が永遠のいのちに定め，選んだ信徒の集まりです」（問93, Niesel. 12〔RCSF Ⅰ-627〕）．

り法律的な形を与えた．予定の教理は「十字架のもと」の改革派にとって喜ばしい確かさ，そして勇敢な犠牲をいとわない動機であり，ドルトレヒトの教会会議ではカルヴァン正統主義の判断規準となった．全体としてみれば，これらのさまざまな教理の要素が，神の救いの計画の客観的な性格，啓示の排他的な基礎に基づいてその最高の主に仕えるために召されている人間の徹底的な依存性，そして最後に，教会の胎内における聖化の過程での動的なもの，前進するものを強調している．

## 3. 教会についてのカルヴァンの教理

　教会は，カルヴァンの関心と労苦の中心であった[78]．教会とはルターの場合と同じく，目に見えるものであり，同時に目には見えないものである．目に見えないものとしての教会は，神にのみ知られている選ばれた者すべての交わりである．目に見えるものとしての教会は，規律規則によって組織され，奉仕の職務を備えている信者の地域共同体で実現される．ただ一つの同じ教会が存在するだけである．もし，信者が救いを手にしようとするなら，信者はこれに所属せねばならない[79]．

　カルヴァンは教会を職務から考察した．教会は神の施設であり「純粋なみ言葉」の説教とサクラメントによって信者をキリストの体に組み入れる．このように教会は，信者の「母」であり，同時にキリスト者の生活に「学校」として仕える宗教的，社会的な共同体である．その組織的また職務的な構造の中で教会は「霊的権力」を授与され，教理（み言葉とサクラメント）を授け，そのことによって教会は「偽りの」教会から

---

78) A. Ganoczy Ecclesia Ministrans. Dienende Kirche und kirchlicher Dienst bei Calvin, Freiburg i. Br. 1968. を参照のこと．
79) カルヴァンは「教会の外部に救いなし」という原則を，目に見える教会に適用した．IRC Ⅳ, 1, 4. を参照のこと．

区別される．そして —— 良心を束縛することなく教会の法を公布し，それが時折その「しるし（notae）」の一つと見なされるほど自分の規律規則を主張する．この規律は，国民教会の中では必要である．というのは「完全な者」を一つにするという要求を掲げず，人間の目に見えない「遺棄された者」をも，その中に包含しているからである．教会規律は信者を聖化の道に導かねばならない．

規律に関連し，教会を組織する規則は，それゆえ神によって欲せられ，聖書の中に啓示された秩序に対応しなくてはならない．これらの規則は一つの教理としての価値をもっている．最後にカルヴァンは，全力を尽して人間の権威がキリストの権威に代わることを阻止しようと試みた．そこから，彼は教会の職務の純粋に奉仕的性格を強調したのであった．このことは牧師の「祭司的な性格」を排除したが，他方では，キリストの大使としての彼らの機能を厳然とたたえた．これに対応したのは，「議長団」の必要性にもかかわらず，もっとも，その職務が期間的に限定されてはいたが，教会のすべての指導委員会のメンバーの原理的な平等と「信徒」に委任された職務の多様性とであった（「信徒（Laie）」という言葉はもちろん「キリストの代理」としての牧師職の根本的，中心的性格にもかかわらず消えた）．教権（Lehrgewalt）はジュネーブでは「牧

---

80) カルヴァンは，われわれは目に見える教会の成員であるすべてのキリスト者を，その生活がどのように見えるかにまったく関係なく，選ばれた者として考察しなければならないと説明した（「愛の裁き」）．

81) IRC Ⅳ, Ⅻ, 1. を参照のこと．「つまり救いをもたらすキリストの教理が教会の魂であるように，教会における規律は腱の位置にある．つまり，それは体の肢体が各々その場で互いに結ばれて生きるようにするのである」．

82) 1541 年の「ジュネーブ教会規則」を参照のこと．OS Ⅱ, 328.「われわれの主がその教会の指導のために任命した四つの教会の職務が存在する」．

83) 長老主義・教会会議の制度においては，各々の教会会議の議長が選

師」と「教師」の任務と考えられたが，しかし実際には，後者は学校とアカデミーの職員であった．一方，教会の教権は牧師団（Compagnie des pasteurs）の手に，あるいは，この教師職をもはや備えてなかった，たとえばフランス，ネーデルランド，スコットランドにおける長老主義＝教会会議制度においては，全国教会会議の手中にあった．

新約聖書の使徒職は，カルヴァンによれば教会の創立時代に限定され，したがって一回限りであり委譲できない．これはあらゆる国に及んだが，その後に続いた牧師職，あるいは司教職とは区別された．この最後に挙げた職務は同僚として（司教は司祭［Presbyter］の中の「第一人者」）自分の地域の教会に限定され，その後は聖書に記された使徒の言葉にのみ依拠する．宗教改革という環境の中で，司祭あるいは職務担当者に聖別あるいは任命されなかったカルヴァンは，そのまさに預言者的な召命の明確な自覚をもっていた．改革派の正統主義は「特別の職務」の可能性に言及するときには，カルヴァンか，ルターを思い浮かべた[84]．

改革派教会においては実際の発展はジュネーブやチューリヒにおけるように「牧師の教会」にいたるか，あるいは長老主義＝教会会議のタイプの「会議の教会」にいたった．この教会タイプの教権は，各々の国民教会の基本的な信仰告白によって限定されている．しかし，普遍的に妥当する信仰告白が欠けているので[85]，教職の問題は未解決のままであっ

---

ばれる．「そして議長はその職務を各々の教会会議をもって終える」（「フランス教会規律」第2条）．因みに議長は「信徒」でよい．そして教会会議には牧師と同じく多くの長老も属する（第3条）．それに加えて，教会会議は地域の教会のもとでのあらゆる序列を排除する，「どんな教会も他の教会に対する優位あるいは支配を要求することはできない」（第1条）．
84) カルヴァン自身は，人はルターを使徒の列に並べることができようと説いた．
85) ここでは基本的な点について語られる．つまり「ひとりの神が存在する．キリストは神で，神の子である．われわれの救いは神の憐れみにある．およびその他の同種の発言がある」（IRC Ⅳ，Ⅰ，12）．だが，各々

た．他の教会の信仰告白を相互に参照するだけでは十分ではなかった．すなわち，教会によって監督される神学部が，教理の更新の際に重要な役割を果たせば果たすほど，不十分であった（ソミュール）．

　より広範囲の教会会議の可能性が依然残っていた．それにはドルトレヒトの教会会議が一定のモデルを提供した．すなわち，こうして改革派教会の「一つの国際的な」教会が存在したが，しかし，普遍的・基本的な信仰告白本文，あるいは普遍的に有効な教職をもつただ一つの改革派教会ではなかった．牧師職は奉仕職そのものである．すなわち牧師はその他の職務，つまり教えること，教会規律，ディアコニーの機能を行使することができるが，その逆は不可能であった．牧師は神の言葉の告知者，サクラメントの授与者で，各々の牧師に割り当てられている一定の共同体の指導を委任されている．この職務のためのモデルを人文主義者たち，とくにエラスムスが1535年の「聖職」の中で描いたような古代教会の司教像が提供した．この職務の継受は教理と倫理における試験を前提にしたばかりか，候補者の選出は，状況に応じて，ジュネーブのように他の牧師によるか，あるいは長老主義＝教会会議制度のもとでは長老と執事による選挙によった．それに「会衆」による選挙の確認が続いた．――この確認は，もちろん，民主主義的な選挙原理を容認することでなくカルヴァンが価値を置いたものであった．――そして最後に，

---

　　の地域の共同体，そして各々の（国民）教会はその内部で教会の一致を守らねばならず，そしてこの一致は，フランスやスコットランドと同様にジュネーブにおいてもきわめて厳密で権威主義的である．

86）　1581年に，ジュネーブで「正統主義と宗教改革の教会の信仰告白の調和」が「ルター派の和協信条」への答えとして出版された．これは受け入れた影響の点でそれとは区別される（メランヒトンのフィリップス主義を受け継いでいる）．これはただフランスにおいてのみ（1583年のヴィトレの教会会議）一つの信仰定式となる．

87）　IRC Ⅳ，Ⅲ，15. を参照のこと．「上述の箇所は，したがって，これが教会（＝信徒）の一般的な権利と自由を侵害しないように理解されね

教会と市民の権力が融合する場合には，続いて，市参事会による確認がなされた．その後にその職務への任命が続いた．そのためにカルヴァンは按手を望んだが，これはしかし，ジュネーブでは実行することができなかった[88]．

牧師は聖書の研究のための毎週の協議会に集まり，そして自分たちの教理＝倫理規律に服した．彼らは会衆よりも「手綱をいっそう引き締め」ねばならなかった．というのは，彼らは相互批判のために（ジュネーブにおける「グラボ（grabot）」）監視しあったからである．長老主義＝教会会議制度では，地域の役員会（Konsistorium）の長老と教会会議がこの任務を引き継いだ．以下の違反がジュネーブの牧師の場合，その職務の停止と破門をまねいた．「異端，離教，教会の秩序に対する反逆，……聖職売買，他の人の地位に就くための策動，正当な休暇あるいは他の場所からの招聘を別にして教会を離れること，虚偽，偽証，粗野なふるまい，盗み，飲酒癖，……高利，禁じられた遊び，……ダンス，同種の放埒」[89]等々である．

第二のリストは非難されねばならない違反を数え上げている．すなわち「異様な聖書の解釈，……取るにたりない疑問への誤った好奇心（curiositas），教会において一般的ではない教理，あるいは行動様式の提唱，聖書の研究と講読における熱意の欠如，悪徳，うそ，侮辱の言葉を叱責しない怠慢」[90]等々．その成果は注目すべき統一された牧師団であっ

---

ばならない．……しかし，選挙の場合の指導は，会衆がたとえば軽率さや悪い行動や，あるいは暴動によって不正を働かないために，他の牧師が占めるべきである」．

88)「フランス教会規律」第8条を参照のこと．「選挙は祈りによって，もちろん職務担当者（＝他の教区の牧師）の按手によって，あらゆる迷信的なおこないなしに確認される」．

89) OS Ⅱ, 333（1541年の教会規則）．

90) OS Ⅱ, 333f.

た．人々はジュネーブでの，そして，フランスでのそうした規律に引き続いて起こった過激な粛清運動に見舞われた．とにかく，監察，牧師職の中心的な役割，同僚としての意識が牧師に高い威信を得させ，その権力の座を基礎づけた．長老と一緒に牧師は信者の教会規律を保証した．

モデルとしては，エコランパディウスがバーゼルで願い，ブツァーがストラスブールで形成しようと試みた教会生活が役立った．つまり，国家に対して自立した教会規律，信仰共同体からの排除の実施（破門），長老が牧師と一緒に協議し決議する合議的機関の存在である．長老は —— ストラスブールにおけるように —— 市参事会（Magistrats）の代表ではなく，また信者の代表でもなく，教会の聖化を委任された，神によって任命された教会の職務である．ジュネーブでは長老は 1541 年にはまだ一人の官吏（comys de la Seigneure, 領主の役人）であるが，しかし，1561 年の「教会規程」は，長老は「会衆」による承認に服さねばならず，その機能は純粋に教会上の性質を有することに注意を喚起した．

長老は牧師たちの同意をもって任命され，そして都市の全市民から選出され，その結果，長老はすべての市区を代表していた．教会役員会は，毎週，牧師とともに会合したが，彼らの三分の二で構成された．教会役員会の任務は「偶像崇拝」の侵入，すなわち「教皇主義」の痕跡に対

---

91）OS Ⅱ, 339.「次に第三の序列，すなわち長老が続く」を参照せよ．「フランス教会規律」第 23 条「長老と執事が教会の元老院を形成し，これをみ言葉の仕え人が統括することになる」を参照のこと．E. A. McKee, Elders and the Plural Ministry. Genf. 1988. を参照のこと．

92）OS Ⅱ, 362.「われわれに聖書において示されている区別が，一方では，剣（Schwert）と市参事会の間で，また他方では，すべてのキリスト者が従順と真の礼拝に導かれ，そして躓きが阻止され，取り除かれるために教会の中で存続すべき監督職との間で最もよく守られ続けられるために……」．E. F. K. Müller, Kirehenzucht in der reformierten kirche, および, Presbyter, Presbyterialrerfassung, in RE3 X 485-492, bzw RE3XVI, 9-16. を参照のこと．

して警戒し，住民の可能な限りの道徳的水準を確保することであった[93]．これは監視の措置によって，夫婦あるいは隣人の間での正義と平和のための具体的な努力，等々によっておこなわれることとなっていた．破門が科される前には数回警告され，教会役員会への召喚を経ることになっていた．議長を務めたのは，一般に都市の法律顧問（市長）であったが，しかし「純粋に市民的権限をもった長としてではなく教会の指導のための最年長者として」であった[94]．確かに，教会規律にかかわる問題であった．長老主義＝教会会議制度をもつ諸国では，各々の「教会」，つまり教区にこの教会役員会が存在し，そして市民の権力はもはや公式には関与しなかった．

　ジュネーブでは教会役員会はすべて婚姻＝道徳の案件に権限のある法廷にまで発展した．住民の生活における教理の監視という任務については言うに及ばない．この発展は市参事会が教会役員会に精力的にその世俗的な権力を授与し，また教会役員会の意見を尊重する度合いに応じてなされた．都市における家庭訪問は世俗の当局の代表者が同伴しておこなわれた．罪ある人が強情で頑なに罪の生活に留まり続けるなら，聖餐から排除された一年後に，市民としての責任を伴う大破門が科された．これがカルヴァンの長い努力の後のヒュロスの勝利であった．というのは信者を建て上げるための牧会的規律が，ここで公共の市参事会の命令によって確定された道徳的秩序と融合したからである．確かに，ジュネーブにおける教会規律はのちの政治的に困難な年月の中で少なくとも都市の一致を保証し，これはヨーロッパの「最も改革され

---

93)　他の教会に手本とされたジュネーブの教会規則は，それがすべての者に同じ厳格さで社会的な名声にかかわりなく適用されたことが特徴である．カルヴァン主義の教会はその制度では貴族主義的ではあったが，しかし，その規律の行使においては平等主義であった．

94)　OS II, 362（1561年の教会規則）．

3. 教会についてのカルヴァンの教理　63

洗礼のサクラメントは説教と二種での聖餐と並んでプロテスタント教会の信仰論と礼拝の重要な要素であった．上：洗礼者としてのフィリップ・メランヒトン，ヴィッテンベルク市教会のルカス・クラナッハ・シニアの祭壇画の細部（1547年）．下：ヨハンネス・ブーゲンハーゲンがデンマークで導入した福音主義の教会の礼拝，トールスルンデの教会の前面祭壇画の描写，コペンハーゲン国立博物館（1561年）

## II. カルヴァン主義

フルドリヒ・ツヴィングリ (1484-1531). チューリヒのグロース・ミュンスター (大聖堂) で働いた. ルターの文書によって刺激を受け, ドイツ語圏スイスの宗教改革者となった. 彼は聖餐の理解を異にし, のちにルターと強く対立した. 同時代の絵画.

3. 教会についてのカルヴァンの教理　65

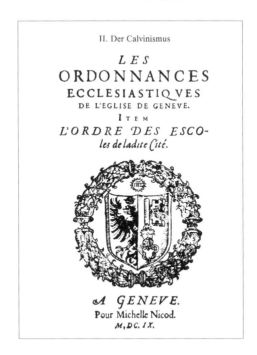

1609年の「教会規則」のタイトルページ

た」公共体との名声をもたらした[95]．しかも新しい改革派教会の母教会としての機能が，もちろん一時期でのことであったが，カルヴァンとその後のベザの指導下の牧師団の手にあったときであった．

1541年の「教会規則」によって立てられた最後の職務は執事職であった[96]．その理念はルターに遡り，ブツァーによって受け継がれた．ジュネー

---

95) Pietro Paolo Vergerio, Epistola nella quale sono descritte molte cose della Città et della Chiesa Genova, Genf 1550. を参照のこと．「わたしは，福音を受け入れ，改革されたと告白している他の大部分の都市を見たが，しかし——おそらく，こう断言できるが——ここにあるものほど先進的な都市は見たことがない」．

96) これについては，E. A. McKee, John Calvin on the Diaconate and liturgical

ブでは，執事とは，公共の病院とペスト病院の管理人，および病人の看護人であった．彼らは長老と同一の条件で選ばれたが，しかし実際には，純粋に民間での任務を担当した．というのも，初期の教会の慈善的な関心事は都市共同体自身によって担われたからであった．まず，亡命者共同体において，そして次に都市から独立した改革派の教会で，執事は実際に，教会的な役割を果たした．彼らは礼拝の間に信者の献げものを集め，そして貧者のために定められた金銭の分配に関わった．というのは各々の教区自らが，困窮者の生計を支えたからである．信者はその納税額に比例して献金した．カルヴァンが執事の役割を高く評価したにもかかわらず，「フランスの教会規律（規則）」では確保されていた（牧師不在時の祈りの典礼）教理（信仰問答）＝典礼上の機能が徐々に彼らから奪われた．牧会上の職務の貴族主義的な原理が勝利をおさめたのである．しかし，改革派教会のめじるしになったのは，どこにおいても長老の職務であった．これは，ただ祈りの関連でのみカルヴァンが述べた万人祭司職に基づくものではなく，新約聖書の神の制定と原始教会の模範によるものである．この制度が改革派にまったく固有の生命を与えた．これは教会規律がその道を準備したサクラメントの意義と道徳的行為の意義を強調するものであった．

教会規律の第一の目的は，聖餐がそれを無差別にすべての者に分け

---

Almsgiving, Genf 1984. を参照のこと．

97) IRC Ⅳ, Ⅶ, 5. を参照のこと．「第二に教会の規律の行使は善人が悪人と絶えず交際することによって堕落しないためである．……第三に，教会規律は罪人自身がそれを恥じ，その破廉恥なおこないを後悔することを目的とする」．聖餐の間に牧師は破門の原因となる違反のリストを読み上げる．しかし，信者を「われわれの内にある悪徳や不完全さにもかかわらず」聖餐にあずかるように招く，……「というのは，われわれが聖餐に加わるのは，われわれの完全さを告白するためではなく……われわれの生命をイエス・キリストに求めることだからである」（祈りの形式，OS Ⅱ, 47)．

与えることによって，俗用に供されることを阻止することであった（陪餐停止）．

　サクラメントに関する生活はたいそう真剣に受け取られていたので，たとえば「ハイデルベルク教理問答」（1563年）はキリスト教の生活をサクラメントに関する説明の枠内で詳述し，そして「プファルツの教会規程」[98]では，この説明が洗礼と聖餐の典礼の間に入れられた．洗礼と聖餐は，キリストによって制定された唯一のサクラメントであり，そしてカルヴァンには「信仰の弱さ」のために必要であるとみられた．信仰は，言葉をとおして告知されたキリストの約束を，完全な真理において体験するためにこれらを必要とする．ツヴィングリと違って，カルヴァンは，信仰はサクラメントをとおして強められ，増し加えられねばならないと考えた．サクラメントは信者をキリストの体に組み入れる．このことは動的な経過の中でおこなわれ，その際，何といっても神の言葉が「しるしの体系の中で支配的なもの」[99]であり続けるのである．

　サクラメント自体は物質的なしるしから成り立っているが，それに付け加えられる言葉が意味と効力を与えるのである．このサクラメントのしるしは，それをとおしてキリストが差し出され，現臨する言葉の「付属物」であるとしても，それにもかかわらず，それが表す霊的現実を指示する．すなわち，「示される事柄（res significata）」がサクラメントのしるしと単純に混同されることはない．この点ではカルヴァンはツヴィングリと同じように考えた．ジュネーブの宗教改革者はあらゆるサクラメント主義を，つまりカトリックの「なされた業（opus operatum）」も，言葉の力によって示されるものとしるしは客観的に互いに結合されるというルター派の理解をも，同様に拒否したのである．これをもってカルヴァ

---

98)　本文は Niesel, 136-218.

99)　B. Cottret, Pour une sémiotique de la Réforme: Le 〈Consensus Tigurinus〉 (1549) et la 〈Brève rèsolution〉 …(1555) de Calvin, in : Annales ESC 39 (1984) 265-285. を参照のこと．

ンは，新たにサクラメントの現実は信仰の外部では受領しえないことを確認した．しかし，他面で彼は「サクラメント派」に反対して，しるしは「無」あるいは「空虚」ではない，つまり単なる象徴を示すものでないという教理[100]を肯定した．

洗礼に関しては，カルヴァンは再洗礼派に反対して，子どもはこのサクラメントを受けねばならないことを教えた．これは見える教会への彼らの加入を示し（ツヴィングリにとってと同様に，カルヴァンにとっても洗礼は割礼に取って代わる），そして子どもたちは，その将来の信仰をめざして，また神の約束として両親も子どもも同時に包含する契約の名において，それを受ける．洗礼は，したがって聖餐と同様に信仰の告白である．いやそれ以上である．洗礼は，見える教会とは区別されるが，しかし，これと分離されないキリストの体への組み入れを実際に起こす．同様に洗礼は，転嫁によって得られる罪の赦しのしるしであり，キリストによって獲得され，信者に転嫁された赦しを告げ，自己否定と新しい生活の必然的なしるしなのである．この両者の中に信仰による生活がある．各々のキリスト者が育むべき洗礼の記憶と，洗礼の意味を解明する福音の宣教とが，かつての改悛のサクラメントに取って代わられた．福音主義の洗礼式は，新約聖書に備えられているものに後から押し付けられたすべての副次的な儀式を放棄せねばならなかった．すなわち，悪[101]

---

100) IRC Ⅳ, XV, 14. を参照のこと．「（主は）しかし，われわれに，たとえば単に外面的な見せものを見せることによって，目の保養を与えるばかりでなく，われわれを事柄そのものに導き，彼が具象的に表現するものは同時に有効に実現される」．

101) IRC Ⅳ, XV, 19. を参照のこと．「あたかもキリストの指示に従って洗礼を施すことが軽蔑すべき事柄であるかのように，人々は水の聖別あるいはもっと正しくは魔法を発明し，ありのままの水の聖別が汚されるということになった」．ここに再び，その制定に付け加えられるものはすべて（典礼，象徴等々）これを醜くし，世俗化するという宗教改革の理念が見られる．

魔祓い，ろうそく，聖香油，「つば，塩，そうしたしろもの」を放棄したのである．洗礼式は教会の前面でおこなわれ，信仰告白の暗唱，それにそえられる伝統的な「父と御子と聖霊の名において」という言葉と祈り，および感謝を伴う本来の洗礼行為を含んでいる．カルヴァンは「信者」，とりわけ女性がサクラメントを施すことを禁じた．み言葉の仕え人だけが，サクラメントを施すことができる．この禁止を宗教改革者はサクラメントと言葉の密接な結びつきの名において，また，あらゆる「迷信」を防ぐために公布した．洗礼を施す前に死んだ子どもは，すべてを神の手に委ね，神の選びに委ねるべきものである[102]．

神はどんなことがあっても，人間の救いに不可欠な霊的再生のために配慮してくださる．聖餐をカルヴァンは，まずキリストによる制定から定義する．聖餐は首尾一貫して，洗礼において起こった養子縁組に続いて生ずる．聖餐は魂に見えるしるしによって，魂が必要とし，み言葉によって伝達される霊的な食物を魂にもたらす．人間の弱さのゆえに，神はそれ自体で十分であるその言葉，すなわちキリストの言葉とキリストという言葉に，「われわれをどんな疑いや不安からも解放することによって，われわれを力づけ強くするために」見えるしるしを付け加えられるのである[103]．

しるしは「見える言葉」であり，欺くことはできない．しるしは（カルヴァンは「封印」について好んで語る）み言葉を文字どおり受け取らねばならないことを証ししている．すなわち，キリストはわれわれの真の食べ物である．それに加えて，このしるしは信者を隣人愛へと動かし，神の働きに感謝する機会を与える．しかしすべてのことは，いかにこの

---

102) IRC Ⅳ, XV, 20. を参照のこと．「神がわれわれの神となり，われわれの後のわれわれの子孫の神となるという約束をされるとすれば（創世記17章7節），神はわれわれに，その誕生以前に，われわれの子どもたちを神のものとして受け入れられることを告知しているのである」．
103) 「聖晩餐についての小論」(1541) Paris (1934, 106).

サクラメントから「益」を引き出すかによっている．聖餐において，「鏡におけるようにして，われわれがそこにわれわれの十字架につけられ，……甦えられた主イエス・キリストを見，キリストがわれわれを再び天の不死に移され[104]」，われわれに「いっそう大きな確かさと喜び」を贈られるという，こうしたすべてを見ることになるのは信仰（によって）なのである．つまり，聖霊がわれわれに確かさと喜びを贈るがゆえに，そして神の言葉は欺くことがないゆえに「それゆえに，実体は（しるし）と結ばれていなければならないのである．そうでなければ堅固なもの，確実なものは何も存在しないであろう[105]」．

カルヴァンは，したがってツヴィングリの心霊主義的な象徴主義を拒否する．キリストの神人としての位格はわれわれに聖餐において真実に贈られる．そして「われわれは聖餐において，イエス・キリストの体と血を受け取らねばならない．なぜなら，主がここでわれわれに二種をもって聖餐を差し出されているからである[106]」．

だが，カルヴァンは聖餐の物質的なしるしであるパンとぶどう酒が，何らかのしかたでわれわれに差し出されるものと同定することを拒否した．しるしは，しるしづけられるものと混同されてはならない．いずれにせよ，しるしづけられるものは必然的にしるしの一部であり，それに添えられねばならない．ひと言で言えば，しるしは，しるしが差し出す現実を示すのである．しかも，しるしは単なるしるしのままである．キリストの実体のこの現実の現臨を惹き起こすのは，神秘における聖霊である．つまり，それは一つの霊的に現実的な，そして現実的に霊的な現臨である．したがって，カルヴァンはしるしとキリストの体と血との間の「場所的」あるいは「空間的」なあらゆる種類の結びつきを拒否した．

---

104) 上掲書，107．
105) 上掲書，109．
106) 上掲書，112．

## 3. 教会についてのカルヴァンの教理

しるしとしるしづけられるものとの間の唯一の結びつきは，時間の次元に属している．カルヴァンは聖餐の形態（しるし）の受領と聖餐の「真理」の受領，すなわちキリストの現臨の受領との間には，同時性があることを認めたらしい．というのは，この現臨は「執行する中で（in usu）」すなわち，サクラメントを受領する中で，もちろんサクラメントを受け，取るという信仰がそこに存在するという前提で起こるからである．

　二つの動因が，カルヴァンを，実在論，すなわち，もっと正確には「霊的実在論」へと動かした．「第一の動因」は実際的な種類のものであった．というのは，彼はサクラメントを神秘として守りたいと望んだからである．これが実体共存説，ないし実体変化説についてのルター派とカトリックの教理に反対させた．カルヴァンの目には，これらは不当にもこの神秘を説明しようとしている．このことはルターには，本来は当てはまらない．これらはサクラメントを，カルヴァンの考えでは奇跡へと貶めた．第二の動因は，カルヴァンの神学は他の改革派の神学者の神学と同様に「肉的な」現実（Wirklichkeiten）と「霊的な」現実とを根本的に対立させたことにあった．というのは「霊的な」実在（Realitäten）は「肉的な」実在によって担うことができないからである．物質的なしるしは，しるしに留まり，それ以外の何でもない．そのようにしてのみ，信者が心を霊的に高く上げることが，しるしを超えて現実となるのである．[107]「スルスム・コルダ（sursum corda），心を高くあげよ」ということが，カルヴァ

---

[107]　そこから差し出された賜物の強調，すなわち「（キリスト）はわれわれにこの恵みを贈られ……われわれは完全に正直な心で……彼の体と血とを，然り，彼をまったく真の神，真の人間として受け入れる」ということと「心を高くあげて」，すなわち，「われわれがこの地上の過ぎ行く時間によって……彼（キリスト）があたかもパンとぶどう酒の中に閉じ込められているかのように，心を乱さないように」という強調の間にカルヴァン主義における典型的な緊張が由来する（祈りの形式，OS II，45-48）．

ンにとっては聖餐の意味と益を総括した．それは父の右に座し，その後ご自分の栄光をもはや離れることのないキリストへと良心を向けることである．ここに，彼をルターに結びつけたこの言葉での，しかしまた，霊的なものと物質的＝肉的なものとの間の対立という呼び方での，カトリックのミサに対するカルヴァンの批判の出発点があった．ミサ，とりわけ実体変化と聖体の崇拝の教理は，現実と神秘の意味を曇らせ，その真理を俗化し，旧約聖書とその犠牲の象徴的な「祭儀」を再生させ，聖霊によってのみ伝えられる「霊的」な現実以外の何ものでもない信仰を損なうとした．

　カルヴァンはその教理の助けによって，改革派とルター派の間の第一次聖餐論争を調停し，その考えに基づいて両陣営を一つにすることができると考えた．霊的神秘としての実在論を肯定して，しるしとそれが差し出し現臨させるものとを区別はしたが，両者の必然的結びつきに固執した．

　「主は，『この地上で，何らかの腐敗にさらされている物質に閉じ込められるほどまで』ご自分を謙卑されない[108]」という彼の発言は，改革派陣営への彼の所属を決定づけることとなった．フランス，スコットランド，ネーデルランドによって受け継がれたカルヴァンのこの教理は，より深い聖餐への信心を広めたが，しかしまた，従来の実体変化の伝統的理解との架橋できない対立をも広くしたのである．いずれにしてもドイツとフランス語圏スイスとの間での合意のために「チューリヒ協定（*Consensus Tigurinus*）[109]」で対応する定義を見出すことに成功した．この「チューリヒ協定」のための出発点は1544-1545年のルターの攻撃であり，それに基づいて1545年にブリンガーは新たにツヴィングリの立場

---

　108）「聖晩餐についての小論」141.
　109）　Seeberg, Dogmengeschichte 645f.（カルヴァン主義の聖餐論の勝利），Neuser, Dogma 272-274; U. Gäbler, Consensus Tigurinus, in: TRE VIII, 189-192. を参照のこと．

を弁護せねばならなかった．それ以上の動機はカルヴァンとベルンの間に存在した緊張に関して，ジュネーブとチューリヒの間で歩調を合わせる必要からであった．心配していたカルヴァンは幾度もチューリヒへと出掛け，その最新の文書（1547年）の調子を和らげ，この協定を1549年に締結するようにブリンガーを動かした．これは1551年に出版された[110]．

　第一に問題だったのは，ジュネーブ＝チューリヒの協定であった．一方，ベルンは不信感を抱いたままであった．それにもかかわらず，これは長期間，改革派教会にとって規準テキストとなった．その評価は，歴史家の意見が分かれている．彼らはその中に，一方ではツヴィングリ主義に対するカルヴァン主義の勝利を見，他方ではカルヴァンの根本的立場の放棄をみている．事実，この協定は宗教改革者の見解を反映するにはかなり不十分である．その条項は，聖霊の唯一の役割を強調した．霊はサクラメントの「封印（Siegel）」として示されている（一方，カルヴァンの場合には，逆にサクラメントが約束の封印である）．さらに引き続きキリストの自己伝達は「その執行の外部（extra usum）」でも，つまり，サクラメントの外部でも起こりうると説明し，こうして，霊の賜物としるしの受領とを分離した．それは，しかしまた神は現実にしるしによって示されるものを差し出すこと，しるしはその真理から分離されないこと，そして，しるしはみ言葉がそれを為すよりも良心を有効に捉えることをも説明した．要するに，これらの条項は，一方の手で与えたものを，さらにもう一方の手で取り戻したのである．これはみ言葉とサクラメントによる救いの獲得についてのカルヴァン主義の教理を，時折神秘主義的な感情を生じさせる心霊主義を有利にさせる調整のために奪ってしまった．

　最後に，カルヴァンが1541年に肯定的に「小論文」に記したにもか

---

110)　テキストはOS II, 246-253.

かわらず，この大部分は，ルター派とカトリックに向けられた条項の防御的，論争的性格が，プロテスタント間の調停的試みをさらに続けることをも妨げた．

協定を危機にさらさないために，同様にカルヴァンはルター派のヨアヒム・ヴェストファルに反対する弁明書の中で，ルターの考えをこれまでのように援用することを放棄した．1551年の「チューリヒ協定」の出版に続いて，第二の聖餐論争が起こった．その際に，ヴェストファルとカルヴァンは文書によって激しく論争した．それは最初の論争に関しては，何の新しい論拠をも述べず，むしろ教派上の前線を硬化させた．カルヴァンは純粋ルター派（Gnesiolutheraner）が激しく批判したメランヒトンとの協調の可能性を求めた．また，メランヒトンはキリストの遍在（Ubiquität）および，パンとぶどう酒における，その実在を否定した．しかし，メランヒトンは，1557年にツヴィングリの提題を明白に断罪した．カルヴァンは1540年にメランヒトンによって改訂された「アウクスブルク信仰告白（異文 *Variata*）」に署名するように，ドイツの改革

---

111)「チューリヒ協定」における「実体」という概念の欠如はカルヴァンの譲歩を証明している．というのは，カルヴァン主義の文書と信仰告白の中で，この概念が欠けることは決してないからである．

112) このテキストは第25条にテオドール・ベザの言葉の中にポワシー（Poissy）の宗教会談（1561年）で躓きをよび起こした定義を含んでいる．すなわち「天における有限なキリストの体はわれわれから，天が地からはるかに遠く離れていると同じく，空間的にも遠く離れていることは必然的である」（OS Ⅱ, 253），ここにカルヴァンがツヴィングリと一致する中心点がある．

113) 1540年と1541年のハーゲナウ，ヴォルムス，レーゲンスブルクの宗教会談でのストラスブールの代表として，カルヴァン自身，「アウクスブルクの信仰告白」の最初の版に署名した．メランヒトンは最初の版（「体と血は現臨し，信者に分け与えられ，信者はそれによって養われる」）を1540年に次の定式によって置き換えた「パンとぶどう酒とともに体と血は真に現臨する」．

派になお熱心に勧めることはできたのである．スイス人はあらゆる協調的な動きを挫折させた．その結果，カルヴァンとメランヒトンの調停の試みは最終的には何の目標にも達しなかった．とはいえ，カルヴァンはその見解の一部を自らの陣営では実行することに成功した．それはメランヒトンが別の方面では達成しえなかったことである．

## 4. 改革派の礼拝

礼拝の改革は上部ドイツとスイスの都市では，単に福音主義運動の成果であったばかりでなく，しばしばその最初の，そして最も重要な出来事であった．チューリヒ，ストラスブール，バーゼルにおいて形成された礼拝式は，徐々に改革派世界全体に行き渡った二つの礼拝形式にとっての主要な起源となった[114]．すなわち，ジュネーブの形式とヨハネス・ア・ラスコ(東フリースラント)の形式である．後者はチューリヒの礼拝によって影響を受け，広くプファルツ，ネーデルランド，ドイツの広い部分に広がった．

この二つの礼拝形式の共通の特徴は，その相違を圧倒して，改革派の信仰とメンタリティーを忠実に反映したことである．第一の特色として，改革派の礼拝の徹底的な新しさが挙げられる．これは古いラテン語の中世の典礼を最も論争のあったミサ奉献文のような要素を除去して，無理に新しい信仰に適用せずに，「肉的」-「霊的」という対立から直接生まれた[115]．今や，所作，物（たとえばろうそく），典礼用の式服といった「迷

---

114) H. O. Old, The Patristic Roots of Reformed Worship, Zürich 1975.
115) 「ジュネーヴ教会教理問答」問 145 を参照のこと（第二戒を言いなさい）．「問　なぜ神を見える形で表すのは許されないのですか．答　なぜなら，霊であり，……神と，生命のない，朽ちるべき，目に見える物体とのあいだには少しも適合性がないからです」（OS Ⅱ, 98）〔RCSF

信」に神の霊が対置されることとなった．かつての典礼の外的，象徴的形式は聖書によって明白に偶像に仕える「慰みごと」として拒否された．こうした特徴的な考えは，十戒の改革派の数え方に示された．すなわち，像の禁止は固有の第二戒となった[116]．

唯一の救いの手段である神の言葉の名において，改革派はルター派とともに画像崇拝を拒否した[117]．すべての宗教改革者は，画像に聖なる力を付与する周知の慣習と同様，「貧者の聖書」としての画像の役割を批判した．ルターと同様ツヴィングリは，まだ福音の説教がなされる前に画像を破壊する革命的な画像破壊に抵抗をしたものの，のちのツヴィングリと改革派はルターよりもさらに一歩前進した．彼らは──当局の監視のもとで──「崇拝される」可能性のある画像，つまり，その人間としてのキリスト，母マリア，聖人の像の撤去を要求した．キリストの神性は表現できないから画像問題は中立の事態（アディアホロン）ではもはやない，と．神的なもの聖なるものの領域が，聖餐で受領されるキリストもツヴィングリの場合は霊的であり，あるいはカルヴァンの場合は聖霊において現臨するキリストであるように，まったく内面化された．カルヴァンはブツァーとツヴィングリの思想を体系化したのである[118]．

---

Ⅰ-679］．

116)　この数え方は IRC Ⅱ, Ⅷ, 12. で釈明されている．

117)　M. Stirm, Die Bilderfrage in der Reformation Gütesloh 1977; H. Feld, Der Ikonoklasmus des Westens, Leiden 1990; B. Scribner (Hrsg.), Bilder und Bildersturm im Spätmittelalter und in der frühen Neuzeit, Wiesbaden 1990. を参照のこと．

118)　神学的に最も重要なテキストはツヴィングリとブツァーの間の交信の中（Correspondance de Martin Bucer Ⅰ, 226-236, 253-258.）および IRC Ⅰ, Ⅻ.（「ただ一人たたえられるために神は偶像から区別される」）の中に見られる．ただし，ツヴィングリは「アヴェ・マリア」を廃止しなかった．ブリンガーはそこから「Ora pro nobis（わたしたちのために語

## 4. 改革派の礼拝

　カルヴァンは目に見える現実に対して，またそれをとおしておこなわれる祭儀を，創造者なる神を表現不可能な神秘として認め受け入れることのできない人間の主要な罪として，弾劾した．この創造者なる神は，その被造物とは無限に区別されるが，しかし，霊においては，彼らの近くにおられる．ルターとその信奉者は，み言葉の名で画像の乱用に異議を唱えたが，しかしそれらを「無記」（アディアポロン）として原理的には許容した．このことは実践的には，存在している画像が牧会的に用いられ，そして新しい画像，祭壇の画像も，宗教改革の神学を感覚的に眼前ではっきり示したのである．画像はその場合，言葉に対立したのではなく，それを具象化したのである．改革派の神学者は霊ということでは偶像破壊に責任があり，その革命的逸脱を非難したが無駄であった．

　礼拝の「霊的な」理解は，第二の成果をもたらした．これは典礼上のもので，礼拝は礼拝の司式者と礼拝の会衆の間の対話などではなく，神への人間の応答でもなく，聖霊の業であるということである．聖霊は職務の担当者が説教する言葉において，また信者が歌う言葉（詩編）において人間によって捉えられる．

　この霊が，共同体を自ら聖化するのと同様に導く．これは具体的には職務担当者が語り，そして信者が讃美歌によって介入する．つまり，フランス語圏では詩編歌で[119]，ドイツ語圏では詩編と（改革派とルター派にしばしば共通の）教会讃美歌によっておこなわれた．讃美歌の伴奏のための器楽は多声が許されたが，歌われた言葉の明瞭な意味を覆い隠してはならなかった．礼拝は日曜日におこなわれた．しかし，都市では毎日の説教＝祈祷礼拝が不可欠だった．一般的には，特別な週日に罪の告白・

---

　　り給え）」を省いた．付言すればチューリヒでは，それがやっと1563年におこなわれた．

119）　この有名なユグノーの詩編歌については，P. Pidoux, Le Psautier huguenot du seizième siècle. Mélodies et documents, 2 Bde., Basel 1962. を参照のこと．

悔い改めの礼拝が，とくに戦時あるいはペストの発生時におこなわれた．断食は個人的な修練として勧められたが，しかし，義務的な規則として一定の典礼上の時期とは結びつけられなかった．これらは消滅してしまって，ただ大きな主の祝祭日，つまり，クリスマス，聖金曜日，復活日，キリストの昇天日，聖霊降臨日だけが維持された．

　礼拝規則にとって特徴的なのは説教，罪の告白，そして —— それがおこなわれれば —— サクラメントの祝祭との結びつきであった．洗礼は通常，日曜日の礼拝の間に[120]，遅くとも誕生後 1 年未満に施された．聖餐はジュネーブやフランスでは，カルヴァンはもっとしばしばなされることを望んだが，ただ年に四回のみおこなわれただけであった．この四回の祝祭は，何といっても宗教改革以前には信者が主の食卓にあずかるのはたいていの場合一年に一回だけで，その場で聖体に与ったことを考えるならば，重要な意味をもっていた．聖餐の祝祭を伴ったジュネーブの礼拝規則は以下のようであった．すなわち神へのよびかけで礼拝が開始する[121]．これに罪の告白[122]，罪の赦しと，言葉と霊についての改革派の理解が述べられる照明のための祈り[123]が続く．それに続く説教は連続講解の原則に従った．

　カルヴァンは日曜日には新約聖書の文書について，あるいは詩編についてのみ説教した．しかし，連続講解は，週日礼拝の中で旧約聖書も大

---

120)　祈りの形式，OS Ⅱ, 31.「教会への祝祭上の受け入れである洗礼が集められた会衆の面前でおこなわれるように」を参照のこと．

121)　「われわれの助けは天と地を造られた主の名にある．アーメン」(祈りの形式，OS Ⅱ, 18).

122)　この（ジュネーブの）罪の告白は不当にもテオドール・ベザに帰された．かれはそれをポワシーの宗教会談で用いた．これは実際にはストラスブールに由来した．

123)　祈りの形式，OS Ⅱ, 20.「神がわれわれをその霊によってその聖なる教理の真の認識へと導き，それをわれわれの内に義のすべての業において実りあるものとなしたまえ」を参照のこと．

部分講義することを可能にした．説教の後には，世俗の官憲，職務担当者，教会のため，圧迫され迫害されている者，および出席している会衆全体のための執り成しが続いた．それから主の祈りとクレドー（使徒信条）が続いた．引き続いて悔い改めない者は出て行くように言われた．[124]そして聖餐式の祈りが始められ，これはよびかけ，感謝，キリスト教的な生活への義務からなっていた．パンは牧師によって分配され，杯は長老あるいは執事によって差し出された．祭壇はすべての改革派の教会におけるように食卓に取り替えられ，そして集められた会衆のそば近くに置かれた．というのは，キリストは会衆の中に現臨し，祭壇の上ではないからである．パンとぶどう酒の分配は「イエスの体をとって食べよ」「これはイエスの血によって立てられる新しい契約の杯である」との言葉でおこなわれた．終わりの感謝の祈りが聖餐礼拝を締めくくり，それに続いて「主があなたがたを祝福し，あなたを守られるように．主が御顔を向けてあなたを照らし，あなたに恵みを与えられるように．主が御顔をあなたに向けて，あなたに平安を賜るように」〔民数6：24—26〕という典型的な祝福がなされた．[125]

　本質的なことは，聖餐式の祈りの間に語られた．それはコリントの信徒への手紙一からの聖餐の制定語を朗読し，陪餐停止の言葉の後に，信頼して歩み寄るようにと信者を招いた．その間に，サクラメントの正確な意味がよび起こされた．聖餐礼拝は，一週間前に予告された．それによって各自はその準備ができ，牧師は最初の陪餐者，また外部者を調べるための十分な時間をもつことができた．フランスとスコットランドでは牧師あるいは長老が（病気の）信者を訪問し，彼らも陪餐できるように彼らに，「出席票」を届けた．礼拝は一般に教理問答の主要素，すな

---

124)　もちろん，本来の教会規律のない教会（チューリヒ等々）においてはない．
125)　民数記6章24—26節．

わち,十戒,主の祈り,会衆讃美の形式での信徒信条を受け継いでいる.「ハイデルベルク教理問答」は,一年の 52 回の日曜日の中で部分ごとに朗読された.礼拝の数の多さ(日曜日の午前,日曜日の午後,週日),祈りの長さ,聖書の説教の傑出した質をとおして,この祝祭は国民の宗教的な教化の主要な手段となった.これらの礼拝が放射した霊性は,それに値しない罪深い人間に,キリストによって獲得された恵みに,そして新しい聖霊の賜物によって開かれた生活に向けられた[126].

　それは,その敬虔の中に埋め込まれているのである.この敬虔ということでは,十字架と十字架のしるしが無いことは信仰の不足ではなく,「霊と真理」における十字架でのキリストの救いの業の高挙の表現を意味していた.その強調点は授かった賜物の人格的な,そして倫理的な習得に置かれていた.


## 5. カルヴァン主義の政治と倫理

　カルヴァン主義の倫理は,個人の生活領域を念頭に置くだけではなく,道徳律に対する人間の積極的服従をとおして神は讃美されるのであ

---

126)　「ハイデルベルク教理問答」問 1,問 2 を参照のこと.「問　生きているときも死ぬときも,あなたのただ一つの慰めは何ですか.答　わたしは生きているときも死ぬときも,体も魂も共にわたしのものではなく,わたしの真実の救い主イエス・キリストのものであるということです.……問　この慰めの中で喜びに満ちて,生き,また死ぬことを願うならば,あなたはどれだけのことを知る必要がありますか.答　三つのことです.第一に,わたしの罪と悲惨がどれだけ大きいかということ.第二に,わたしは,どのようにしてわたしのあらゆる罪と悲惨とから救い出されるのかということ.第三に,わたしは,そのような救いのゆえに,どのようにして神に感謝すべきかということです」(Niesel. 1494)〔RCSF Ⅲ-1, 2〕.

るから，社会的に存在するすべての経済的，社会的，政治的なものに関係してくる．ブツァーやツヴィングリのような神学者は，すでに具体的なキリスト教的徳の共同体との関連をおおいに強調した．聖餐の祝祭はブツァーの場合，隣人愛，および「公益」への勧告になっていった．そしてツヴィングリは見える教会共同体の諸価値を，市民的・政治的社会なそれと同一視した．カルヴァンも両者を十分明瞭に区別した上で，密接に互いを結びつけたが，キリスト者の存在の二つの領域の混合を避けた．ジュネーブのカルヴァン主義の教会は国教会だった[127]．

このことはすでに「教会規則」の存在が示していた．というのは，ここでは国家がキリスト教の生活のさまざまな形態を可能にし，その組織の委託を受けていたからである．すなわち「全能の，神の名において，われわれ，市長，大，小議会は，国民とともに……主の教理がその純粋さにおいてよく守られ，そしてキリスト教会がそれにふさわしく維持されるならば，それは，推奨に価すると考えた．……このことは，あらゆる身分の者に義務の課題を自覚させるような，一定の規定と生活様式が存在するときにのみ起こる．それゆえ，われわれの主が制定した霊的な統治が……現実におこなわれ，われわれがそれを守るために，正しいしかたで定められるべきであるという合意にいたった」[128]．

国家に対して自立した教会規律の実施と教会役員会の存在は，モーセの律法の二枚の板を遵守するように厳命する．つまり「ある教理」とあるキリスト教的な倫理規則を命ずることは，国家の任務の障害にはなら

---

[127]　J. Staedtke, Die Lehre von der Königsherrschaft Cristi und den zwei Reichen bei Calvin, in : Ders., Reformation und Zeugnis der Kirche 101-113; H. Höpel, The Christian Polity of John Calvin, Cambridge u. a. 1982; W. F. Graham, Calvin and the Political Order: An Analysis of the Three Explanatory Studies, in: Schnuker, Calviniana 51-61. を参照のこと．

[128]　OS Ⅱ, 328.

なかった[129].

　カルヴァンは「二つの王国」，霊的王国と世俗的王国（あるいは領域）を，厳密にはルターと同じ意味では理解しなかった．彼はむしろ次のように語っている．「人間のもとでは二種類の統治が存在する．一つは霊的なものである，つまり，良心を敬虔へ，また神の讃美へと教育する．もう一つは市民的（政治的）なものである．これはわれわれを人間としての，また市民としての生活の義務に向けて教育する」[130]．ここでは，用語の選択が重要であった．すなわち，カルヴァンは二つの王国の教理を哲学的＝人文主義的な概念言語で説明したのである．彼は市参事会の責任と市民の責任を肯定的に定義しようとした．市参事会の職務は単に否定的であるばかりでなく，荒れ狂う悪を阻止するだけであってはならない．カルヴァンは世俗的官憲についての章を，特徴的なしかたで「神が我々をキリストの交わりに招き入れ，かつそこに留め置かれる外的手段ないし支えについて」という表題がついた『綱要』の第四巻に組み入れた．

　このように彼は一方では二つの「王国」を明白に区別し，同時に世俗的権力のキリスト教的な使命を肯定的に捉えるためのふさわしい概念を作り出そうとした．この点で彼はブツァーとは明瞭に区別される．ストラスブールの宗教改革者は，キリストの王国と世俗的権力の間に共通点を見出そうと熱心に，つまり「彼は政治的な施設と適切な行政の規制の

---

129) IRC Ⅳ, XX, 2. を参照のこと．「市民的統治は……神の外的な崇拝を促進し，保護し，敬虔で健全な教理と教会の（良い）状態を弁護し，われわれの生活を人間の共同生活をめざして形成し，われわれの倫理を市民的正義へと育成し，われわれを互いにつなぎ合わせ，公共の安寧のごとき共通の平和を維持するという任務をもっている」．「フランス信仰告白」は第39条で明白に述べている．「この理由から神は，神の命令の第二の板に対してばかりでなく第一の板に対しても犯される罪を抑制するために為政者の手に剣を与えたもうた」(OS Ⅱ, 323)〔RCSF Ⅱ-187〕．
130) IRC Ⅲ, XⅣ, 15. また IRC, XXI. をも参照のこと．

ために……聖書の中に原理を求めるほど熱心に努力した[131]」.

 カルヴァンの国家論は，これに対してブツァーの流儀における聖書釈義家のものというより，むしろキリスト教国家哲学者のそれであった．この政治的教義は二重の目標を念頭に置いていた．すなわち，一方でそれは「市民的，政治的な秩序」にどんな道徳的，キリスト教的価値も認めず，どんな協力をも拒否した「極端な」再洗礼派に対して，「神によって制定された官憲」を弁護しようとした．他方で，それは諸侯あるいは行政機関に，神の意思によって定められたその地上での使命の内容を喚起しようとした．ひと言で言えば，カルヴァン主義は体制側（etablierten）の権力に対する無条件の，積極的服従の教理のための基礎を提供し，同時にまさにその使命を裏切るかもしれないこの権力への批判のための基礎をも提供した．すなわち，「……市民的権力は，ただ神の前で聖く正当であるばかりでなく，最高度に聖別され，死すべきもののすべての生活の中で，すべてに抜きんでて最も光栄に満ちた職業である[132]」と認められていた．

 官憲はある程度，聖書がこれに「神」の称号さえ与えている神の代理権を行使する[133].

 市参事会に対しては，したがって，その権力の行使が専制的であっても，絶対的服従の義務がある．唯一可能な制限は，そうした服従が，われわれを（神への）服従から引き離すときのみ制限される[134]．したがって

---

131) Buceri opera latina XV: De regno christi XL (Einleitung).
132) IRC Ⅳ, XX, 4.
133) これはストラスブールの神学である．それはこの詩編 82 編から取り出した論証を大衆的にすることに貢献した．つまり，聖書は王たちをここで神々とよんで，その宗教的使命を強調した．国家絶対主義の後期の神学はこれを十分利用した．カルヴァンに関しては IRC Ⅳ, XX4. を参照のこと．
134) IRC Ⅳ, XX, 32.

信者が「偶像崇拝者的な王の権力欲」と衝突するや否や，信者には，ただ殉教かあるいは（ジュネーブへの！）逃亡が残されるのみである．このことは私人（privati homines）にも当てはまる．彼らには専制君主に対する抵抗の権利が否定されているからである．[135]

「国王の恣意に対する国民の組織」[136]が自由に利用できるところでは事情は異なっている．諸身分の積極的権利は ── カルヴァンはここでフランスの三部会を考えていたが ── 一定の場合には，専制政治に対する専門的知識をもった個人，あるいは団体の抵抗を正当化しうる．この権利をカルヴァンはフランスの王族の王子にも認めた[137]．専制政治の諸々の状況が考えられるのは官憲がその使命，つまりその義務の枠内で臣下に対して正しい律法[138]を支配させるのか，あるいは裏切るのかがありうるからである．官憲の主要な任務は，しかし，根本的には「偶像崇拝」と「神冒瀆」を阻止することによって「純粋な」教理が支配するために努力することである．官憲は異端者を迫害する権利をもっている[139]．公の生活の中で，キリスト教の秩序を保証する条件を作り出すべきなのである．

ジュネーブの牧師たちは，16世紀には，実際利息のかかる貸し付け

---

135) IRC Ⅲ, Ⅹ, 6. ここでの文脈は個々人の「召命」について語っている．
136) IRC Ⅳ, ⅩⅩ, 31.
137) CO 18, 426=CR 46. を参照のこと（カルヴァンはナバラのアントワーヌを考えている）．
138) 自然法則はすべての人間に官憲の使命（神の栄光を行き渡らせること）を明らかにする．しかし，聖書とその光なしには，この義務は死せる文字のままである．聖書はどこに「自然の」法則と「正しい態度」が存在するかを正確に啓示する．「自然の」とは，モーセの律法（Gesetz）に先立ってあり，普遍的に（universal）存続するすべてのものを示しており，神に依存することなく存在するようなものではない．
139) IRC Ⅳ, ⅩⅩ, 9. を参照のこと．

の際の最大利息から婦人の華美な衣服にいたるまで，市参事会にしかるべき条例をくり返し要求した．カルヴァンは自立的な教会規律を保証し，同時に教会に，市民的領域の中で牧師たちの活動によって「無限の力」を確保しようと試みた．しかし，教会のこの役割は市参事会の善意に関して制限があった．つまり，神政政治について語ることはできないのである[140]．国家の形態については，カルヴァンはジュネーブで見たような，共和国的な，民主主義的に緩和されたタイプの「貴族主義的な」統治方式に傾いていたといえよう[141]．

この宗教改革者が，両領域，政治的領域と教会的領域で，一つの「指導の公正な職務」の必要性を主張したことは注目に値する．すなわち「（使徒）は……この場所で（ローマ12：8），本来の意味で，最初の教会で公の規律の実施を指導するために任命されたまじめな人々へ勧告している．……しかしわれわれは，市民の権力の目標が同じ方向にあるとみており，それゆえ，彼がかの場所であらゆる公正な指導の職務をも賞賛していることは疑いえない[142]」．

カルヴァンによって説教され賞賛された教会上の諸々の価値（権威をもった公の教会，「集会」の役割，役員会）とジュネーブの憲法，そこでは共同体の長が議会の集団的な権威を行使し，民衆はこれを制御することなく政治上の行政機構に関与したが，これらは，はじめは調和していた．このことは確かに，実践的なカルヴァン主義のモデルへ，都市ジュネーブの転換を容易にしたが，しかし，逆にカルヴァン主義の宗教の倫理＝政治的努力をも加速させた[143]．

---

140) Monter, Calvin's Geneva. を参照のこと．
141) ただ優遇することが問題となっている．というのは，この問題は特殊な「状況」の領域に入るからである．IRC Ⅳ, XX, 8. を参照のこと．
142) IRC Ⅳ, XX, 4. このテキストはこの最初の版では1536年に由来する．ここでの引用は1539年の説明的補遺である．
143) これに関しては，E. Troeltsch, Calvinismus und Luthertum, in: Gesammelte

## II. カルヴァン主義

　カルヴァン主義の倫理学（説）は，本質的に身分上の義務に関する倫理であった．伝統的なキリスト教の霊性が，ここで人文主義的な古代の哲学から取り出された概念を放棄することなく，宗教改革的に表現された（「召命」[144]）．多くの著者は，カルヴァンはルターと違って山上の説教の内容を和らげ，キリスト教の生活のための規範（Normen）を概念的に庶民の市民生活に順応させたと指摘している[145]．カルヴァンのジュネーブの説教はこの印象を確認させる．

　しかし『綱要』はまた，まったく特別に，入念に練り上げられたキリスト教の殉教の神学をも含んでおり，カルヴァンがそこに同時代人を送ろうとした，真の戦場に視線を向けている．「キリスト教的人間の生活[146]」にささげられている『綱要』の章は，しばしば聖書を指示している．もちろん一定の規定というよりも，カルヴァンがそれを理解したように，その精神をいっそう指示しているのである[147]．

　神とその戒めに従うことが問題となっている．その場合に，これが「教理問答」とまったく同じように，そのつど可能な限り霊的に見られる．ここでは，たとえば，安息日の休息が新しい霊的な休息のための範例，

---

Schriften IV, Tübingen 1925 (Ndr, Aalen 1965), 254-261. を参照のこと．

144)　とりわけその社会的な次元における義務を意味するのは「officium」という概念である．カルヴァンはしばしばこれを用いる．

145)　Neuser, Dogma 270. を参照のこと．

146)　この生活は『綱要』の第三篇 6 章から 10 章で定義される．それは 1539 年に由来し，そして改革派の敬虔に益するため二度分離して出版された（1545 年と 1551 年）．

147)　IRC Ⅲ, Ⅵ, 1.「さまざまな聖書の箇所からわれわれが，われわれの生活をいかに整えるべきか，正しい方法を取り出すことが有益であろう……」（強調は著者による）〔RCSF Ⅰ-70〕．

148)　「教理問答」問 166 以下，同じしかたでカルヴァンは第八戒（「あなたは盗んではならない」）を人間の権利へのあらゆる攻撃に拡張する．問 206，律法の制定者は霊的な方ですから，ただ外面的な盗みについてだけ言っているのではなく，（盗む）意志についても語っている（Niesel,

ロベール・エチエンヌによって 1553 年に印刷された版の
カルヴァンの「教理問答」のタイトルページ

すなわち,信仰による義認からもたらされる生活の平和として,また「僕としての存在の安堵」として把握されている.古い安息日の戒めは日曜日に守られる.しかし,聖書と神学の回り道をしてキリスト教的に根拠づけられる.カルヴァン主義の律法主義について語ることはできない.カルヴァンの倫理学は,むしろ律法の二枚の板は,一方ではあらゆる「無神論」を拒否して神のみに栄光を帰し,もう一方で「世俗的欲望」を放棄するように,われわれによびかけているという確信によって支配されている.

---

20, 23)〔RCSF Ⅰ-740〕.

周知のように，カルヴァンは「無宗教」を「偶像崇拝」の根本的罪と等値している．そこから，すべての「冒瀆」，たとえば呪い等々に反対する．また創造者に代えて人間あるいは被造物へのあらゆる讃美に反対する厳しさが説明される．それを別としてもカルヴァン主義の倫理は，あらゆる完全主義を避けようと努力した．[149]

最も大事なことは，信者が，自分はキリストのものであることを知り，その生活によって神を「讃美する」使命をもっていることを知ることである．信者は，たとえその途上でくり返して倒れることがあっても，この聖へと召されている．カルヴァンは「……われわれのうちにおける聖化はやっと始まったばかりで日々に増すが，しかし，キリストがすべてのものを回復するために現れるまでは完成されない」ことを強調する．[150] こうした確信においてカルヴァンは再洗礼派やその他の心霊主義な非国教派と区別される．

カルヴァンの倫理学は規範的であるよりも，むしろ勧告的であった．それはむしろ勧告したのであって，指示することはあまりなかった．その点で倫理的な成長におけるダイナミックなものが明らかになった．聖書は，カルヴァンによれば，われわれの心を善への愛に駆り立てるために，異教の哲学者よりも秀でた根拠をもっている．[151] このダイナミックなものは，また以下の状況にも示されている．つまり，カルヴァンにとっ

---

149) IRC Ⅲ, Ⅵ, 5.「けれどもわたしは一人のキリスト者の生き方が——それは望ましいことで，またわれわれは当然そのことに努めねばならないとしても——完全な福音が息づいている以外の何ものでもないことを要求するのではない」．

150) コロサイの信徒への手紙1章22節に対する註解（Johannnes Calvins Auslegung der Heiligen Schrift in deutscher Übersetzung XIII, Neukirchen o. J. 286.）．

151) IRC Ⅲ, Ⅵ, 1-2. 抑圧的な性格よりも勧告的性格については，Monter, Calvin's Geneva 101ff.（公のジュネーブの倫理について）を参照のこと．

ては存在の中で起こるすべては神から来る，という認識が本質的であった．したがって二つのことが求められる．すなわち，受けた祝福に対する感謝と，神から送られた罰における悔い改めである．要するに人間は自分自身の存在の中に，神の父としての好意が働いているのを自覚すべきなのである．

人間の応答は常に一つの信仰告白にならざるをえない．十字架を担うということは，自分が選ばれているということを，試練をとおして絶えず新たに試されることを意味する．カルヴァン主義の殉教の神学は宗教改革の霊性を自分に取り入れ，きわめてキリスト中心的なしかたで引き継いだ苦難の意義を強調した．それはこの苦難を，信仰によって義とされてはいるが，しかし，最終的な勝利にいたるまでにはいまだに「神のみ手」にふれる必要がある迫害された信者に，罪の名で説明したのである．[152]

キリスト教の生活に不可欠でしばしば言及された領域は，カルヴァンにとっては「将来の生活の考察」であった．これは，もしこの神学者が「信者は現在の生活を軽蔑する（すべきである）という認識を考慮したのではないとしても，しかしその点で現在の生活に対する憎しみも，神に対する忘恩も生じないといったことを」考えたとすれば，[153]カルヴァン主義の敬虔を「彼岸のキリスト教」[154]へと向けることになるだろう．

この修道院の伝統によって示唆を与えられた思想が，どこにその限界

---

152) たとえば，第三篇第8章，殉教の賛歌がそうである．カルヴァンの多くの読者にとって「忍耐してその十字架に堪える」という表題はきわめて具体的な響きをもっていた．教理問答とフランスへ持ち出されたジュネーブ聖書に添えられた「反キリストのもとで捕われている信徒の祈り」(OS Ⅱ, 150f.) をも参照のこと．

153) IRC Ⅲ, Ⅸ, 3..

154) これについては，M. Schulze, Meditatio futurae vitae, Leipzig 1901. を参照のこと．

をもったかがわかる．つまり，信者が罪の向こう側のその存在を祝福に満ちた賜物として，もはや肯定しない危険を冒すところにあったのである[155]．現実感覚と厳しい要求が混在したことが，カルヴァンに「良い生き方」について語る場所を認識させた．彼は，総体的聖書理解の名において，あらゆる分派主義的な厳格主義を拒否し，人間はその存在に「必要な」財貨を用いることが許されるばかりか，「われわれに喜びと休養」を得させるものを用いることも許されていると表明した．この場合には「節度」と「節度を守る」という概念が許されていることの範囲を限定する．それは授けられた賜物に，いつも感謝を表す能力を示している．欲望と喜びはそれゆえ，許されている，それどころか勧められている．しかしながら「それを超える」ものは厳しく禁じられる．感謝の判断規準は，カルヴァン主義の倫理が告白し信頼する信仰の立場に基づいていることを明らかにしている．その中に宗教改革者によって勧められた実践的な霊性全体が込められている[156]．具体的な倫理生活に対する決定的な判断規準は，宗教改革的な「召命」の教理にある．「最後になお重要なことを述べねばならない．主はわれわれすべての個々人に，することなすことすべてにおいて，その召命に注意するように命じられる[157]」．この召命，あるいは「身分と生き方」は，職業，および，各人に摂理によって与えられる社会的・政治的立場をとおして決定される．この召命の「障壁」は，あらゆる人間にその義務を，つまり，為すことができ，為すべきこと，そして禁じられていることを認識させる．良心の決議論の代わりに，カルヴァンはここですべての職業とすべての考えられる限りの婚姻上社会上の「身分」を，同様に多くの神による召命として尊重する―

---

155) IRC Ⅲ, Ⅹ, 1.「われわれは現在の生とその助けをいかに用いるべきか」．
156) IRC Ⅲ, X, 6. がこのすべての章を締めくくっている．
157) IRC Ⅲ, X, 6.

つの倫理（Moral）に依拠した。[158]

　こうした理由から，彼は私人に専制政治に対する抵抗を禁じ，そしてまた彼は商業＝金融の実務（利息）をも倫理的に引き上げようとも試みた．というのは，これらが公共の福利，この倫理的なキリスト教の視点から当然なすべての人間の活動領域に役立ったからである．しかし，公益とこの世における人間の使命のこうした積極的な規定は，最終的には本来，神の讃美と人間同胞の正しい安寧をめざしている．[159]このことは私有財産に関しても同じ事情である．これは窃盗に対する第八戒によって説明されている．神によって望まれる富める者と貧しい者の存在は，倫理的な態度を決定をするときに有効となる．というのは神の祝福を多く与えられた富める者は，可能な限り貧しい者に財貨をあずからせるべきであるからである．労働についてもまったく同じである．人間に授けられている恵みとして，また人間に被造物の中で割り当てられている任務として，労働には特別に高い尊厳がある．したがって雇用者は，被雇用者を「公正」に扱うようによびかけられている．カルヴァンは労働契約を推進し，権威ある労働裁判所を設立して，経済生活における社会的な関係を規制するために努力した．こうした労働の高い評価には，休日の強調が対応した．週のうちの一日を労働せず，金銭を稼がないで過ごすことは，必要と物質的利益のすべてを正しく展望することを可能にする．神の賜物がそれ自体として認識され，感謝のうちに，神＝奉仕（礼拝）

---

158) IRC Ⅲ, X, 6.「そこに，すばらしい慰めも対応している，と言うのは，われわれがただわれわれの召命に従うときに，どんな仕事も，それが神の前で輝き，きわめて貴重なものと見なされないほど乏しく，小さいことはないのだ！」．

159) A. Bieler, La Pensée économique et sociale de Calvin, Genf 1959. を参照のこと．カルヴァン主義の訓練の適用から生ずる倫理と社会のモデルについては，B. Vogler - J. Estère, La Genèse d'une société protestante : étude comparée de quelques registres consistoriaux languedociens et palatins vers 1600, in: Annales ESC 31 (1976) 362-388. を参照のこと．

92　Ⅱ．カルヴァン主義

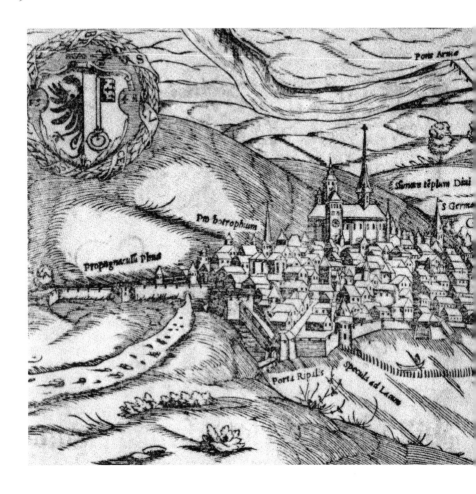

ジュネーブの風景，カルヴァンの活動場所
セバスチャン・ミュンスターの地図より，銅版画（1554年）

とならねばならない．ちなみに「休日が確保されていれば，残りの時間に労働することに各々が容易に慣れる」．この分野でのカルヴァンの思

---

160）「教理問答」第27聖日．日曜日の安息の主な要因はもちろん，共

5. カルヴァン主義の政治と倫理　93

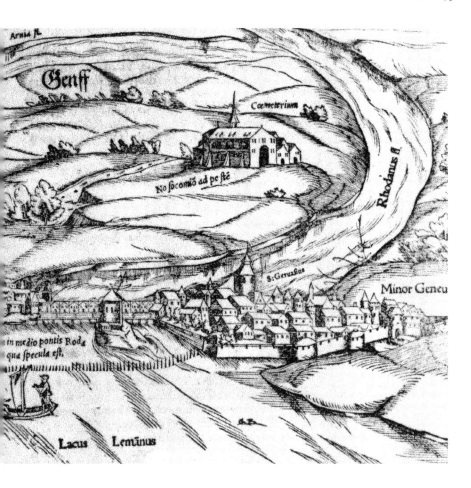

想はストラスブールでの主な経験から得たものであった.[161]

---

同の礼拝の必要からである.
161)「共同体の貧者」のための「共同体慈善」のストラスブールの施設（共同体福祉）は乞食と怠惰の禁止を伴っていた．ジュネーブでは執事の設置は「乞食の禁止が守られること」をも要求した（OS Ⅱ, 343.）.

最後にカルヴァンは，ブリンガーも同様だが[162]，最初に西欧において，貨幣それ自体は実りをもたらさないというアリストテレスの思想と絶縁した．生産的な利息をつけた貸し付けの承認は，ジュネーブの牧師によってしばしば弾劾されたスキャンダラスな高利と通常の利息との分別へと至った[163]．これを確定することおよび困窮を悪用する高利を阻止し，貸し付けを単なる経済的使用に限定することが，牧師によって啓発された世俗当局の問題なのである．

全体としてみれば，カルヴァンはこれらの三つの問題において，大衆の貧困を原罪の必然的な結果として，また単に隣人愛の機会としては考えずに，中世のそればかりでなく，人文主義の伝統との関係をも絶ったのである．隣人愛（カリタス）は公共の，そして教会の配慮の枠内で困窮者に対して果たさねばならず，乞食は禁じられ，逆に労働はその技術上の，そして知的な形でたたえられた．


## 6. カルヴァン主義の強さ

ジュネーブ湖畔の都市においてカルヴァンの圧倒的な地位は，反対者に対するこの宗教改革者の知的な優位さから説明がつく．この都市は，その司教，ないしサヴォワ人からの政治的な独立をめぐる闘争を，カルヴァンは後背地がなく，このあまり重要でない都市の狭い国境をはるかに越えて見ていたが，宗教的指導者の闘争と同一視した．

都市はしばしば脅かされ，その上何度も包囲され，はじめは都市内部での争いによって，次にはくり返してペストに見舞われて，闘争から撤退しようと考えた．1534年からは，都市は防衛上の負担を軽くするた

---

[162] このテーマについてのブリンガーの手稿は1531年に由来する．
[163] Mouter, Calvin's Geneva 216ff. を参照のこと．

めに，その郊外の町を完全に破壊した．この自己規制から新しいジュネーブが発展したのである．[164]　そして，ジュネーブはますます全ヨーロッパの宗教的・政治的・文化的な脈拍のリズムの中で生き，これにジュネーブは戦闘的な使命の意味を伝達しようとした．ジュネーブは神に守られた聖なる都市，またフランス，イタリア，イングランド，スコットランド，その他の国々から，ここに流れ込んだ亡命者の都市になった．1559年のアカデミーの創立とともに，それは人文主義の出版活動の中心の一つ，およびヨーロッパの改革派のエリート学校になった．[165]　ここを支配している厳格な敬虔さのために，多数の学生が殺到し，それ以後も続いた．その中には，寡黙公ヴィルヘルム（ギョーム・ドランジュ）の将来の助言者フィッリプ・マルニックス・フォン・セント・アルデコンデ，アンリ四世の後の後見人フロラン・クレスチェン，「ハイデルベルク教理問答」の将来の著者の一人カスパール・オレヴィアヌス，トーマス・ボードレイ，その他の者たちがいる．

　「この都市，教会，学校」——このテオドール・ベザの表現は，国際的な若者のエリートが加わり，新しい種類の愛国心の知的・宗教的次元を的確に示していた．ここで発展した「教養人の敬虔」(pietas litterata) は，優れた文芸学の教育を戦闘的な宗教的教理に結びつけた．[166]

---

164)　P. Guichonnet, (Hrsg.) Histoire de Genève, Toulouse 1974, Kap. 4. を参照のこと．

165)　O. Millet, Genève, capitale littéraire de la Réforme au XVIe siècle, in: Paris et le phénomène des capitales littéraires. Actes du Colloque international de littérapture comparée II, Paris 1986, 911-922; H. de Vries van Heekelingen, Genève pépiniere du calvinisme hollandaise, 2 Bde., Fribourg 1918-1924. を参照のこと．

166)　John Bale (Baleusi), Acta Romanorum Pontificum, Basel 1558, 序言,「ここのこの都市はパリ，ロンドンのような新しい交差点，また新しいフランクフルトである．ここに人々が儲けのためではなく，……苦しむため，失うため，この世のものを天のものに変えるために流れ込んでくる」

宗教改革から生じた宗教は，カルヴァン主義の中で，とりわけ，すべての個人から真の信仰の主要な判断規準をもつ信仰告白者たることが求められたことから教派になった．こうしてカルヴァンは，民衆の中に広い基盤をもった国教会の枠内で，彼が再洗礼派とその他の分派すべてから要求されたように，個人的に習得される信仰告白の推進力を用いて実際に戦った．カルヴァン主義は，国民全体を目標とした綱領と努力を維持はしたが，しかし少数派の改革派教会の信者から信仰告白者たるキリスト者を生み出し，彼らは「十字架のもとの教会」として，ドイツの一部，フランス，その他のところで，その立場を固守した．これが福音主義運動の普及力を強めたのである．つまり「われわれは以下のことをなさねばならない．すなわち，われわれに可能な限り，すべての人間を救いに導くために，すべてを用いねばならない」．

　宗教改革がまだ公に認められていない，あるいは状況がなお不安定なところではどこでも，カルヴァンはキリスト教の基礎を認めてはいたが，しかし，教会であることを否認していたローマの教会に改革派教会を対置することをためらわなかった．そしてこの改革派教会は自らの

---

　（Heac［Geneva］nova Lutetia, aut Londinum, novum negotiationis emporium, novum sane Francofortum : ad quod convolant, non ad quaestum faciendum, non ad merces emendas, aut ad patiendum, ut pro humanis thesauris, divinos sibi in coelo reponant.）を参照のこと．L. Daneau, Préface du De Haeresibus de saint Augustin, Genf 1576.「わたしはこの都市できわめて多くの世界の輝き，最も偉大な業績と最高の地位をもち，また学問のあらゆる分野からのきわめて多くの人々に出会ったので，わたしはこの都市を最も豊かな文学の取引所の一つと思った」を参照のこと．

167)　Jean Calvin, Des scandales, hrsg. von O. Fatio, Genf 1984, 229.
168)　IRC Ⅳ, Ⅱ, 11.「……そのように神は，その契約のしるしである洗礼を第一に保存された……」を参照のこと．
169)　IRC Ⅳ, Ⅱ, 11.「もちろん，神はその言葉を軽視した人間の忘恩を罰するために，恐ろしい破壊と崩壊が起こることを許された……」を参照のこと．

## 6. カルヴァン主義の強さ

教理と自らの規律規則をもった教会であった．ジュネーブはそのモデルと見なされた．そうしたしかたでカルヴァン主義は福音主義の運動を用いながら変革し，その上それに自身の神学・教会の職務・規律上の構造を与えた．宗教改革が教会上の存在条件を，まだ完全には変えられなかったところでは，それが「第二次宗教改革」として出現した[170]．

ルター派を一瞥して，カルヴァンは賢明にもその「主要点」の教理を堅持し，そしてフランクフルトにおける改革派の亡命者に，ルター派の聖餐共同体を受け入れるように助言した[171]．

それにもかかわらず，彼はいたるところで確認した多様な過ちを断罪した．すなわち，カトリックの儀式に参加したフランスの「ニコデモ派」の場合，再洗礼派の場合，「快楽主義者」の場合やフランスの教会の一致を無条件に守ろうとした「調停者たち」の場合である．カルヴァンは可能なところであれば，フランスであろうが，亡命者共同体であろうが，直接教会の生活に介入した．そのことに彼が成功したのは，手紙によって広いネットワークを築いたことと，この交信を驚異的な早さで処理したことだった．彼は将来の，とくにフランス宣教に携わる牧師の教育，選抜，派遣というジュネーブのシステムを完成した．彼の後にベザが，このシステムの指導を引き継いだ．それはフランスの改革派により採用され，指導層を粛清し，逸脱者を職務からはずした．とくにピラミッド型の長老主義＝教会会議的なフランスの構造は，フランスのプロテスタントを自律した組織に強要するために，カルヴァンとベザが用いた有効な手段であった．その際に上述の構造は，その王国の地政学的法学上の文脈に適応しようとする，フランス改革派の一定の努力に完全に合致した．いずれにせよ，これによって会衆主義的な傾向と，教理からのその

---

170) H. Schilling (Hrsg.), Die reformierte Konfessionalisierung in Deutschland – Das Problem der „Zweiten Reformation", Gütersloh 1986. を参照のこと．

171) 書簡，hrsg. von J. Bonnet Ⅰ, Paris 1854. 420f. を参照のこと．

他の逸脱を回避したのである[172].

　カルヴァンはローマの教会との妥協を拒否したが，その限度を明らかにすることが問題となったときに，カルヴァンはまれな炯眼をもつ男性であったことを示した．それを，彼は1541年のレーゲンスブルクの宗教会談で証明した．ここではブツァーとメランヒトンからも離れ，アウクスブルクのインテリムの拒否の場合，あるいはベザの助けで，アウクスブルク信仰告白（教派）をカルヴァン主義の宗教改革と争わせようとしたローレーヌの枢機卿（シャルル・ド・ギーズ）の提案を断固拒否した1561年のポワシーの宗教会談の場合でも同様であった．

　カルヴァンはそれ以後，ローマとの断絶がなされたものと受け止めた．それは，教皇やルターのもとでの，さまざまな教理との断絶であるばかりでなく，徐々にではあるが他のものに取って替えられるべき教会モデルとの断絶であった．これに関しては，彼の『キリスト教綱要』がまったく特徴的である．その出発の基礎は創造論であり，救済論を包含し，選ばれた者の教会を神の計画の中心に立て，ここから教会・キリスト教の生活のすべての問題に着手する．神学的発言は，具体的に実現される霊性を視野に置いている．そのことによって，キリスト教哲学の人文主義的な思想が[173]，再び受け入れられ，明白に教派的な環境の中で実現されるのである．

---

172)　カルヴァンの交信のほかに，Resgistres de la Compagnie des pasteurs au temps de Calvin, hrsg. von R. M. Kingdon –J- F.Bergier u. a., 6 Bde. veröffentlicht, Genf 1962-1980. を参照のこと．また，Kingdon の著作および Ph. Denis, Calvin et les élises d' Etrangers au XVIe siècle : Comment un minister intervient dans une èglise autre que la sienne, in : Calvinus Ecclesiae Genevensis custos, hrsg. von W. H. Neuser, Frankfurt a. M. 1984, 69-93. をも参照のこと．

173)　カルヴァンが「キリスト教哲学」とよぶのは「神の学校においては有益な」すべての「主要な素材と必然的結果の総体」があるからである（IRC. 1541年の序言）．

# Ⅲ. 改革派教会の発展と議論

## 1. 信仰告白と国民教会

### 信仰告白

16 世紀の後半における改革派教会の最も重要な信仰告白（イングランドを除く）

| | |
|---|---|
| 1554 年 | エムデン教理問答，フランクフルト外国人教会信仰告白 |
| 1559 年 | フランス信仰告白 |
| 1560 年 | スコットランド信仰告白 |
| 1561 年 | ベルギー信仰告白 |
| 1562 年 | ハンガリー信仰告白 |
| | グラウビュンデン信仰告白 |
| 1563 年 | プファルツの教会規程（ハイデルベルク教理問答） |
| 1566 年 | 第二スイス信仰告白 |
| 1570 年 | センドミールの合同 |
| 1571 年 | ラ・ロッシェルの教会会議によるフランス信仰告白の批准 |
| 1571 年 | エムデンの教会会議の文書 |
| 1578 年 | ナッサウ＝ディレンブルクの教会会議の信仰告白〔ナッ |

サウ信仰告白〕
1580年　　第二スコットランド信仰告白
1581年　　ミッデルブルクの教会規則，（信仰告白の調和）（*Harmonia Confessionum fidei*）（ジュネーブ）
1586年　　ヘルボルンの全国教会会議
1595年　　ブレーメン協定
1607年　　カッセル教会会議信仰告白（ヘッセン教理問答）
1609年　　ボヘミア兄弟団信仰告白
1610年　　アルミニウス主義条項（ネーデルランド議会）
1612年　　（信仰告白大全と類聚）*Corpus et syntagma confessionum fidei*（ジュネーブ）
1614年　　ブランデンブルクのヨーハン・ジーギスムントの信仰告白
1615年　　アイルランド宗教条項
1619年　　ドルトレヒト信仰規準

　16世紀後半と17世紀において改革派教会は自らの信仰告白を生み出した．その多様性にもかかわらず，そしてさまざまな資料にもかかわらず，そこには改革派の信仰共同体全体の姿が忠実に反映されている．カルヴァンの精神は，カルヴァン主義神学の最も固有の強調点（キリスト論，二重予定等々）が一般に洗練されているとしても，いたるところで感じられる．最古の信仰告白の中では，とりわけ三つのことが関心を惹く．すなわち，それらはきわめて明白にカルヴァン主義が教理＝教会モデルとして，特に反カトリックの教派的闘争の状況のもとで自己を貫徹し，福音主義の共同体を組織的に建設する際に，その助けによって，真実の教会として，認識されうる攻撃＝弁護の論証を，提供する道筋をきわめて明白に照らし出した．これらがフランス，スコットランド，ネーデルランドの信仰告白である．それらは同時に，新しい生活分野へのカルヴァン主義の体系の適応における，そしてカルヴァンの思考から後期

のカルヴァン主義へいたる発展上の一つの重要な時期を意味した．これらの信仰告白の最初のものは，1559年のパリの秘密の教会会議，フランス改革派教会の第一回全国教会会議によって採択された[174]．この教会会議はユグノーの貴族の提案に基づいて，フランスの信仰の宣言によって国王アンリ二世に圧力をかける意図で召集された．この「宣言」は1571年にラ・ロッシェルにおける正式の全国教会会議によって最終的に承認され，そして「フランス信仰告白」(*Confessio gallicana*) という名前を得た．第二の信仰告白，いわゆる「ベルギー信仰告白」(*Confessio belgica*)[175]は，フランス信仰告白を見本にして起草され，1561年にワロン語で出版された．カルヴァンはすでに以前のフランス信仰告白の場合と同じように，間接的にその作成を見守った．第三の信仰告白，スコットランド信仰告白（*Confessio scotica*）[176]も，ジョン・ノックスによって書かれ，カルヴァン主義を受け継いだが，もちろんそれをそれなりのしかたで変更を加えた．スコットランド王の顧問はこの信仰告白を市民戦争のような状況の中で承認した．この三つの信仰告白の第一の特徴は，確信をもった聖書主義にあった．カルヴァンは最初，自分たち自身の信仰告白を生み出そうとするフランスの福音主義のキリスト者の「欲求」に対して憤慨した[177]．しかし，最終的には彼らに求められたテキストを前文ととも

---

174) テキストは Niesel, 65-79〔RCSF Ⅱ-149-188〕．

175) テキストは Niesel, 120-136〔RCSF Ⅱ-221-259〕．このテキストをスペインの当局に弁明として伝えることが問題だった．ドルトレヒトの教会会議は1619年に次のように宣言する．「この信仰告白は聖書の中で表明された真理に合致しないようないかなる教義をも含んでいない．それどころか，これはこの真理とまたその他の改革派教会の信仰告白とすべて一致している」．

176) テキストは Niesel, 79-117〔RCSF Ⅱ-189-220〕．

177) カルヴァンはすでに1557年に国王アンリ二世のために「フランスの教会信仰告白」を起草した．Bonnet, Lettres de Jean Calvin Ⅱ, 151ff. を参照のこと．

III. 改革派教会の発展と議論

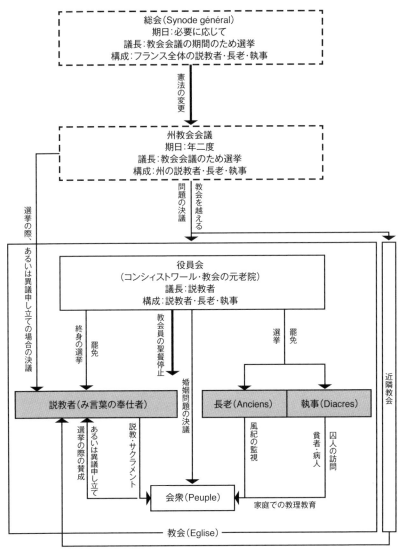

1559年のフランスの改革派の教会憲法（簡略化している）

に送った．それは神の言葉をその内容から，つまりその律法の中に，預言者をとおして，最後に福音自身の中に啓示された生ける神の救いの意思から，定義したものだった[178]．

カルヴァンによれば，この内容が聖書の権威を基礎づける．この権威は聖霊の内的な証言によって認められる．このように信仰の確かさが，その内容によって唯一，無比の聖書の権威を捉える．

パリの教会会議がこの前文を捨て，形式上の啓示の経過を記述する五箇条と取り替えたことはきわめて象徴的である．その際に，それらは神の形而上学的な定義から出発し（第1条），次に（創造による）一般的啓示と「はじめ託宣をとおして啓示され，次いでわれわれが聖書とよぶ諸書として書き記されまとめられた」特殊な，いっそう明瞭な啓示に移っている（第2条）．第3条は正典の文書を数え上げ，第4条は，正典の文書を，正典外の書物，すなわちカトリック教会によって受け入れられた第二正典の書物と区別する助けとなる判断規準としての聖霊について語った．第5条によれば，この文書は「すべての真理の規準であり，神への奉仕とわれわれの救いにとって必要なすべてが含まれる」．第5条はその他のすべての教理上の審級，すなわち法令，公会議，後期の出版物，奇跡などの類を退けている．「ベルギー信仰告白（*Confessio belgica*）」は，その条項で律法が神の「指」で書かれたというときに，この聖書主義をもっと強めている．「スコットランド信仰告白」は古い契約の範例を指し示すことによって，この聖書主義を表明した．こうして，これらの改革派教会は形式上の一定の，そして明白な判断規準を作り出し，それを用いて，異議を唱えたカトリックの信仰理解と策略をすべて否定したのである．

これらの信仰告白の第二の特徴は，その正統信仰を三位一体論とキリスト論の問題において，証明しようとする改革派の意志から生まれた．

---

178) テキストは Niesel 65〔RCSF Ⅱ-149〕．

「フランス信仰告白（Confessio gallicana）」は「三つの信条，すなわち使徒信条，ニカイア信条，アタナシオス信条を告白する．なぜならそれらは神の言葉に一致するからである」（第5条）〔RCSF Ⅱ-153〕．

この正統主義は，改革派が容易に「すべての分派と異端から」一線を画し，救い，信仰による義認，聖化といった問題における彼ら自身の教理的な独自性を，いっそうよく補強できるように，三位一体論とキリスト論の条項の中で正確に説明された（第6条，第14条）．これらの信仰告白の中では第三の特徴が表明された．それは神の摂理に対する生き生きとした感覚であった．神はその被造物を保持し，治められる．神は「悪」を用い，それをその奉仕に用いられる[179]．そして，「すべてのものを御自身のもとに従わせておられる神は父としての配慮をもってわれわれを見守っておられ，かれの御意思なしにわれわれの頭の毛の一本も落ちない」（フランス信仰告白第8条）〔RCSF Ⅱ-156〕というカルヴァン主義の敬虔のこの特殊な特徴は，告白的な共同体をその敵対的な環境の中で強めた．「ベルギー信仰告白」はその上，第37条で，罪のない信徒を右に座らせ，彼らに最後に「栄光と栄誉」をもって冠を授けられるキリストの再臨と最後の審判のあり方を述べた．神の栄光とその救いの生き生きとした感覚が聖遺物崇拝と聖人崇拝および画像の〈偶像崇拝的な〉実施に対する断固とした拒絶の正当性をも証明した[180]．

---

179)「信仰告白」第8条を参照のこと．「（神は）悪魔と悪人をも利用し，かれらがなし，かれらに責任のある悪を善に変えることのできる驚くべき手段をもちたもう……かくてわれわれは神の摂理なしに何ものもなされないことを告白しつつ，われわれの尺度を超えたものについての詮索を止め，われわれに隠されている秘密をへりくだって崇める」（Niesel. 68）〔RCSF Ⅱ-156〕．

180)「信仰告白」の第24条は拒否されたカトリックのすべての慣習を数えあげている．すなわち，聖人の歎願，修道請願，巡礼，婚姻の禁止，肉食の禁止，「儀礼的な」祝日の遵守，個人告解，免償．「神がその言葉によってわれわれに教えた方式に従うのでなければわれわれは正しく祈

「フランス信仰告白」は信徒の選びと遺棄された者の断罪について語った（第12条）．二重の，互いに対称的な予定（「その他の者を同じ滅びと遺棄に委ねて」）についてのカルヴァン主義の教理が表明されたが，しかしそのいわれのない選びと救いの完成の際には，ただ神の働きのみに重点が置かれた．信徒は主の手のうちにある．しかしこれらの三つの信仰告白は，暗黙のうちに神はその原罪を顧慮することなく，ある者を選びその他の者を遺棄されたという観念を排除しない．後に述べられる堕落以前説への道は開かれたままだった．新生と義認の教理はまったくカルヴァン主義の思考の中にあった．つまり，義認は転嫁されたもので，信徒の再生と密接に結びついている．教会の「聖なる不可侵の秩序」の強調は看過できない．ここでは「空想家」に対する教会の職務の必然性と合法性が問題だった（フランス信仰告白第25条〔RCSF Ⅱ-173〕）．

　「フランス信仰告白」と「ネーデルランド信仰告白」における三つの教会の職務，1560年のスコットランドの「第一規律の書」[181]ではただ二つの職務が，見える教会の職務の土台を成している．見える教会自身は純粋な福音の宣教，純粋なサクラメントの執行，そして「スコットランド信仰告白」に従えば，厳格でなければならない教会規律によって形作られる（第18条）．

　サクラメント論はカルヴァンの教理に従っている．三つの信仰告白すべてが明白に再洗礼派と戦っている．政治的権力についての教理は，それがもち出される政治的文脈のために重要であった．すなわち，世俗的権力に対する服従は無条件に義務であり，そして世俗的権力は，キリスト教的秩序（Ordnung）を支配させる責任があった．つまり人々は理想的な権力行使の観念に固執し続けたのである．実に，フランスとネーデルランドにおける実際の状況は，明白にそれとはかけ離れていたにもか

---

　　ることができない」（Niesel 71f.）〔RCSF Ⅱ-72〕．
　181）　牧師（「教える長老」）と長老（「治める長老」）が問題となっている．

かわらず，なおそれを人々は促進しようとしたのである．だが，これは当然，国家は，迫害されている少数派の教会が宣教する福音の奉仕のためにその権力を用いねばならない，という観念を前提とした[182]．

いずれにせよ，教会の自律は，その職務の性格とさまざまな地域共同体の間で，これが同じく普遍的な教会の多くの具体的な現実態であるゆえに支配すべき根本的平等性の原理のおかげで確かな基盤に基づいている．「フランスの信仰告白」は特別に，あらゆる監督主義とあらゆる教会上の支配欲を拒否している（第30条，第31条）．要約すれば，以下のように言うことができよう．この三つの信仰告白は当該の教会に，そのプロテスタントの教理，特に本来の改革派の根本命題（聖書主義，あらゆるカトリックの礼拝形式とサクラメントの拒否）の宣教のための堅固な基礎をその正統信仰の保証と政治的な忠誠に基づいて授けた．これらは，予定と神の全能についての教理における戦闘的な精神性を証言し，教会の組織を啓示された神の意思に基礎づけた[183]．

これら三つの信仰告白は，なお他の条項を含むか（ベルギー信仰告白）あるいは取り入れた（スコットランド信仰告白，フランス信仰告白）．それ

---

182) オランダとイギリスの亡命者共同体の懲戒上の組織は，フランスとオランダのモデルに従って市民権力から完全に独立した．そこで規制されたと言われる，いわゆるヴェーゼルの教会会議（1568年）は，ともかく，敬虔な参事会（Magistrat）が教会の指導に関与し，長老を裁判の際に助け，そして将来の（職務担当者の）選挙に貢献することが望ましい，と宣言した．したがって，これらの「自由」教会は引き続き市民権力に宗教的任務を割り当てた．こうした形ではおそらくおこなわれなかったこの教会会議に関しては，J. P. van Dooren, Der Weseler Konvent 1568. Neue Forschungsergebnisse, in: Monatshefte für Evanbelische Kirchegeschichte des Rheinlandes 31 (1982) 41-56. を参照のこと．

183) 信仰告白は不変の教理を含んでいる．ただ追加といっそう詳しい説明は許される．それは教会の組織の懲戒的なことを配慮し，これは新たに点検され，拡大され，実際にもそうされる教会規律の条項によって規制される．

は教会規律に関連し，そしてスイスの教会会議の構造を大きな王国の空間的・政治的な現実に合わせるということになった．牧師の教会会議についてはもはや語られず（なお，チューリヒとジュネーブの牧師団の施設，ないし「牧師会（Compagnie des pasteurs）」を参照のこと），今や州＝全国教会会議について語られた．これらは，地域教会の牧師を召集し，各々は一人の長老あるいは一人の執事を同伴した．この派遣者システムの助けで各々の地域教会はピラミッド型に建てられた教会会議の規則にはめ込まれた．各々の地域教会はしかし，それ自身の役員会と，教会上のすべての職務をもっており，それらはカルヴァン主義の教会構造の一部であった．一方では州＝全国教会会議の重要性をなお強化するこの中央集権化の傾向と，他方では会衆主義的な地域教会の独立性を強調しようとする努力から，緊張が生ずることは避け難かった．

　フランスの長老主義＝教会会議システムは[184]，はじめは，あらゆる会衆主義を，教理と教会規律の分野での教会会議の排他的な権威に関する明瞭な発言によって，これを防止しようとした．しかしそれは同時に，教会におけるあらゆる「権力の座」を防止しようとも努め，そして地域の役員会に ── 「会衆」の賛成をもって ── 職務担当者の選挙を委任した．「ベルギー信仰告白」はいっそう強く「合法的な選挙」を要求し，明瞭にあらゆる権威主義的な態度を拒否した．スコットランドの教会規律は明瞭な言葉ですべての職務担当者，つまり牧師と長老の共同体の集会による自由選挙を定めた．後に，特にすべての国民教会固有の内部の歴史に影響を与える微妙な差異がどのようなものであれ，── 本質的なことは信徒が，ジュネーブのように単に牧師と一緒に地域教会の規律に対して責任をもつばかりでなく，今や教会会議の枠内で，それどころか国民教会の指導と教理の方向についても責任をもつようになったので

---

184)　フランスの規則は地域教会の一定の数の代表者が集まる宗教会談，州教会会議，全国教会会議を区別している．

ある．これはいくぶん新しいことで，単純に，先行したスイスにおける経験に遡及することはできない．それは当該の長老主義＝教会会議をもつ改革派教会の本質と将来に，決定的な影響を与えた．

### a) カルヴァン主義の拡大

カルヴァン主義が福音主義の運動を「担った」[185] 上述の三国のように，カルヴァン主義の教理の普及は，どこでも同じ説得力と抗い難さでおこなわれたわけではない．カルヴァンの理念は，すでにプロテスタントの，そして改革派の信仰告白を受け入れた領邦においても激しい抵抗にあった．たとえば，ベルンの市参事会が，典礼上[186]（「ホスチアに代わる普通のパンの使用」），礼拝上（たびたびの聖餐式），規律上（聖餐停止），教理上（予定）などの改革を禁止したボーとローザンヌではそうであった．ファレルはヌーシャテルでカルヴァン主義の教会規律を導入する努力をした．ベルンとボーのカルヴァン主義の牧師の間での力くらべはローザンヌのアカデミーの全教授団，すなわちフランスからの約40人の牧師と多数の亡命者の移転で終わった．彼らはテオドール・ベザと同じように，まずはいったんジュネーブへ向かった．その後，その熱意と確信をフランスの宗教改革への奉仕に捧げた．移動した人々というのは，しばしばそれは最高の人々，とりわけ最も強く関心をもった人々であった．

---

185) 「背負い込む」という表現が，J. Delumeau, Naissance et affirmation de la Réforme, Paris $^3$ 1973, 149. でフランスに関して用いられている．

186) カルヴァンはその死の床で説明した．「……の教会は当地の教会を裏切った．また彼らはわたしを愛するよりもますます恐れてきた．わたしはこうした考えをもって死ぬのを彼らが知るようにと願っている．……実際彼らは，わたしを愛するよりも恐れた．彼らはわたしが聖餐において彼らを混乱させるのではないかといつも不安をもっていた」（OS II 404）．歴史家がテキストでは挙げていない教会について改革派のベルンの教会か，あるいはザクセンのルター派の教会が問題になっているのか迷っているのは特徴的である．

# 1. 信仰告白と国民教会

　種蒔きによる信仰の普及という原則は，ストラスブールとフランクフルト，ニーダーライン（ヴェーゼル）や東フリースラント（エムデン）におけるフランス，オランダ，イギリスの亡命者教会の役割で十分説明できる．生粋のポーランド人ヨハネス・ア・ラスコ（1560年没）[187]は，教会での栄達の後に宗教改革に加わったのであるが，これらの教会の指導的人物であった．

　彼はまず初めに，ツヴィングリ主義の影響を受け，1545年以降ブツァーとカルヴァンとの出会いの後にカルヴァン主義の聖餐理解と取り組んだ．1542年から1549年まで彼は東フリースラントで監督として働いた後，そこを離れ1550年，仮協定（インテリム）のときにロンドンに赴いた．そこで彼はドイツ＝ネーデルランド人の亡命者教会をブツァーのモデルに従って整えた[188]．

　ア・ラスコは二種類の教会の職務を立てた．つまり「長老」すなわち教会規律を委託された牧師と長老，および執事である．すでにエムデンで彼は1544年に教会規律を委託された「教会役員会」を作り上げていた．1568年にはいわゆるヴェーゼルの教会会議が，1571年にはエムデンの教会会議が[189]，改革派の亡命者教会に長老主義＝教会会議の憲法を授けた．それに従えば地域の教会，つまりこのシステムの基礎共同体が，

---

187) B. Hall, John a Lasco, A Pole in Reformation England 1499-1560, London 1971〔堀江洋文訳・解題『ヨハネス・ア・ラスコ 1499-1560』一麦出版社，2016年〕: M. Smid, Laski, Jan, in: TRE XX 448-451. を参照のこと．
188) 彼の教会についての論文「Forma ac ratio」は，1555年にフランクフルトで出版された．in: Opera II hrsg. von A. Kuyper, Amsterdam 1886. 1-283. を参照のこと．
189) テキストは Niesel 277-290. エムデンの教会会議の議事録は，最初に長老主義＝教会会議の制度の原理を厳密さと組織論をもって定義した．それは1559年のフランスの教会規律がまだもっていないものだった．「エムデンの教会会議の国際的性格はドルトレヒトの教会会議の性格を予告している」．

ネーデルランドの地域＝「協議会」と一つにまとまる．これは他の地域の教会とともに二年毎に「全国＝」教会会議に集まることを意図していた．改革派の，後にはカルヴァン主義の理念の普及のためのそれ以外の基礎は，フィリップ主義つまりメランヒトンの教理が，純粋ルター派の教理と異なった限りで，下準備をしたところで現れた．フィリップ主義を経由したカルヴァン主義のこの侵入は論争的に「隠れたカルヴァン主義」と名づけられた．

こうしてブレーメンのような自由都市で人文主義者，ラテン語学校の校長のヨハンネス・モラーヌスがクリストフ・ペーツェル（1539-1604年）の道を準備した．彼は最終的にはそれに彼自身のツヴィングリ主義の理解を対置した．大学，ラテン語学校，および幾人かの君侯の個人的意志もルター派の領邦への改革派の教理の浸透に役立った．状況はクーアザクセンにおけるようになった．そこでは選帝侯，クリスチャン一世のもとでいわゆる隠れたカルヴァン主義が促進され，それが厳しい内部の危機をもたらした[190]．

影響史として関心を惹くのはメランヒトン派のザカリウス・ウルジーヌスであった[191]．彼はヴィッテンベルクでの勉学とスイスへの旅行の後にその折衷的な思想をブレスラウで，その後ハイデルベルクで広めた．ここで彼は1561年以後，カルヴァン主義的意味で「ロキ・コンムーネス」すなわちキリストの三職，サクラメント，教会規律の問題について教義学を教えた．ペトルス・メリウス（1572年没）はもう一人のメランヒトンの弟子で，同じくその教理では折衷的であったが，予定の問題ではカルヴァンに連なり，ジュネーブの宗教改革者の思想をメランヒトンとブリンガーの思想と混合してハンガリーに導入した（デブレツェン信仰告

---

190) プファルツの選帝侯フリードリヒ三世，ブランデンブルクの選帝侯後のヨーハン・ジキスムント（1613年），その他の例は，Schilling, Die reformierte Konfessinalisierung. にある．

191) Neuser, Dogma 286-288. を参照のこと．

白，1562年[192]）．

　クリストフ・ペーツェル[193]は，ヴィッテンベルクで「隠れたカルヴァン主義者」の指導を引き受け，カルヴァン主義の，神の永遠の決定に基づく予定の理解を，メランヒトン流の信仰の心理学の言語（救われるための信仰）に翻案しようとした．

　「第二次宗教改革」という表現を作り出したのはペーツェルであった．彼はそれによってカルヴァン主義をルターの宗教改革に対抗させようとしたのではなく，ルターの宗教改革が礼拝を最終的に「あらゆる迷信的な」儀式を排除することによって実際に改革し，そして，まさにカトリックの，とりわけイエズス会の対抗宗教改革を顧みて，真の規律を生み出さねばならないことを示そうとしたのである．そのためにペーツェルは「アウクスブルク」信仰告白の名で神の言葉に従う教会を，カルヴァン主義者とせずに「改革派教会」と定義したのである．

　プファルツでは「第二次宗教改革」（1560年）がこの両義性と，ブリンガーとカルヴァンによって示唆を与えられた1563年の「ハイデルベルク教理問答」によってほどなく終わりを迎えることとなり，そして隠れたカルヴァン主義的なフィリップ主義者は断固カルヴァン主義に向かうこととなった（ヴィッテンベルクの神学者のハンブルク，ヘッセンとナッサウ＝ディレンブルクへの退去）．

　カルヴァン主義の予定論は最終的にチューリヒで認められた[194]．その

---

192）　Neuser, Dogma 291f. メリウスは22歳でデブレツェンの改革派の監督となり，この信仰告白をハンガリーの他の若者と一緒に起草した．全員ヴィッテンベルクのメランヒトンの弟子だった．

193）　Neuser, Dogma 292-296.

194）　神を，ヴェルミーリとツヴィングリに従って「最高善」として定義し，予定においては，そこで人間がある役割を演ずる救いのみを認めるテオドール・ビブリアンダーとの間の論争が1560年にビブリアンダーの停職にいたっている．

ペトルス・マーター・ヴェルミーリ
銅版画，1590 年

際，もっとも影響力があったのは，最初ツヴィングリ主義者で，ストラスブールで活動し（1542—1547 年），つぎに 1553 年までオックスフォードでブツァーのそばで働き，その後再びストラスブールと最後の 1556—1562 年にはチューリヒで働いたペトルス・マーター・ヴェルミーリ，あるいはストラスブールでルター主義者ヨハン・マールバッハに反対したヒェロニュムス・ザンキのような神学者であった．予定の教理はカルヴァン主義の，恵みの最終的な効力と不屈の信仰についての教理によって，改革派の信仰告白の識別標とみなされた．ザンキは，マールブルク，ハイデルベルク，シャウハウゼンの神学者をこの教理の味方にした．カルヴァン主義の選びの定義は聖餐論とともに，ルター主義とは際だった改革派の信仰共同体の一つの新しい自己理解の証明となった．こうした議論，論争，ルター派の正統主義の硬化（和協信条）はその義務を果た

して前線を硬化し分離を深めた.

b) ハインリヒ・ブリンガーと改革派の教理の普及におけるその役割

カルヴァン主義は改革派の陣営の中で大きな成果を収めた.これは,ほどなく改革派の正統主義において形をとることになった.しかし,このことでチューリヒ人ハインリヒ・ブリンガー(1504-1575年)が改革派教会のはるかに大きな部分で果たした役割を弱め,消し去ってはならない.ブリンガーは[195],彼の後の友人カルヴァン以前にも,最初期の改革派教会の頂点におり,その後,カルヴァンの存命中にも最初の「福音主義の普遍性」の創始者であった.これは最も広く普及した二つの改革派の信仰告白の中に表れている.すなわち「第二スイス信仰告白」(Confessio Helvetica posterior)と「ハイデルベルク教理問答」においてである.

ブリンガーの影響が大きかったという第一の証拠は,彼の著作がたいそう流布したことである.彼の「デカーデン」つまり,十戒,使徒信条,サクラメント,その他の教理的内容についての説教集は75年間のうちに34回刊行され,五つの言語に翻訳され,1586年に教理=説教の見本としてイングランドの牧師に推薦された.ブリンガーの1556年の『キリスト教宗教大全』は15版,その黙示録説教は16版を数えた.最も強くブリンガーの影響を刻印された諸国は,エリザベス一世のイングランド,ネーデルランド(「デカーデン」9版),東フリースランド,ブレーメン,

---

195) A. Bouvier, Henri Bullinger, réfomateur et conseiller œcuménique d'après sa correspondence avec les réformés dt les humanists de langue française, Neuchâtel 1940; U. Gäbler—E.Herkenrath (Hrsg.), Heinrich Bullinger 1504-1575. Gemsammelte Aufrätze zum 400. Todestag, 2 Bde., Zürich 1975; U. Gäbler, Heinrich Bullinger, in: Gestalten der Kirchengeschichte, hrsg. von M. Greschat. VI: Die Reformation II, Stuttgart 1981, 197-209; F.Büsser, Bullinger, in: TRE Ⅶ 375-387, F. Blanke-I, Leuschner, Heinrich… Bullinger, Vater der reformierten Kirche, Zürich 1990.

ハンガリーである.

　ここで述べるに値するのは，フランスの会衆派（ペトルス・ラムス）とジュネーブ（テオドール・ベザ）間のブリンガーの調停の試みである．カルヴァンと並んでブリンガーはこうしてスイスにおける改革派の一致のための権威ある人物（「チューリヒ協定 Consensus Tigurinus」），そして一万三千通以上保存されているその往復書簡によって，最も情報を有[196]していた人物の一人，そして改革派圏ではもっとも多く助言を求められた神学者であった．

　プロイセンのアルブレヒト公，プファルツの選帝侯フリードリヒ三世，ポーランドのジギスムント王，コリニ提督，カルヴァン，メランヒトン，その他の人々が彼と交信した．これらの手紙はとくに一つのオフィスで分類され，コピーされた一種の国際的な新聞であり，ブリンガーはツヴィングリのふさわしい後継者であった．彼は倦むことなく再洗礼派に対して戦い，議論では彼らに立ち向かい，そして論争文書によって，あるいはとくにこのために攻撃した．その神学の特徴的なものは[197]，妨げられない福音の説教，選ばれた民との神の契約の概念，そして彼がその教理から導き出し[198]，また，「第二スイス信仰告白」で終結した霊的，牧会的[199]

---

196)　比較のために，カルヴァンの保存されている往復書簡は4000通になる．全集版の第二部としてブリンガーの往復書簡の出版が進行中である（往復書簡 I ff ［Zurich 1973 ff.］）．

197)　Neuser. Dogma 225-238. を参照のこと．

198)　「第二スイス信仰告白」第18条は，教会の奉仕者（Diener）の（第一の）任務は神の言葉の説明にあると述べた．「奉仕者の任務は，聖なる集会を集め，そこで神の言葉を解き明かし，教えられたことが聞く者にとって益となり，信仰者の徳を建てるために，教理の全体を教会の理解と実際の必要に即して説くことである」Niesel, 257〔RCSF Ⅲ—362〕を参照せよ）．

199)　テキストは，Niesel, 219-275, E.Zsindely, Confessio Helvetica Posterior, in TRE Ⅷ 169-173.〔RCSF Ⅲ-153-459〕を参照のこと．

# 1. 信仰告白と国民教会

ハインリヒ・ブリンガー
ハンス・アスパーの絵画（16世紀）

結論の強調である．

　この「信仰の解明（*Expositio fidei*）」は最初は個人的信仰告白として書かれ，それが後におそらく一度チューリヒの市参事会に提出され，それから出版されることとなった．これはその後1565年にブリンガーによってハイデルベルクに送られた．それはプファルツの選帝侯フリードリヒ三世がクーア・プファルツに導入した宗教の革新のため，またそのために帝国追放が彼を脅かし，皇帝マクシミリアン二世の前で弁明しなければならないときであった．選帝侯はブリンガーの文書を1566年のアウクスブルクの帝国議会で巧みにその弁明のために用い，こうしてその改革派教会が異端として断罪されかねない事態を阻止した．ただし，その場合，彼は政治的理由から相変わらず「アウクスブルク信仰告白」に固執したのである．

ブリンガーの「信仰告白」は 1566 年以後，スイスのほとんどすべての教会によって（バーゼルは 1642 年に初めて）受け入れられ，それゆえに「第二スイス信仰告白（Confessio Helvetiea Posterior）」という表題をもっている．その成果は驚くべきものであった．スコットランドはそれを 1566 年に承認し，ハンガリーの改革派教会にとっては，1567 年にそれが教理の基礎となり，次にはスイスの諸大学における神学教育のための規範，また 1581 年にジュネーブで出版された『改革派教会信仰告白の調和』のための基礎テキストになった．

　13 の言語における 110 版以上の版が，ブリンガーの信仰告白文を短期間に改革派の信仰共同体全体の教理のための基礎の一つとした．この成果は，その明晰性，率直さ，その牧会的な意味から説明される．

　護教論的な構造は（交互のわれわれは信ずる／われわれは断罪する）[200] 深い，率直な協調を備えるための障害とはならなかった．ブリンガーは，ルター主義者を傷つけかねない当てこすりを避け，都市ベルンの願いに基づいて頻繁な聖餐式と典礼上の慣習についての条項を除去した．第 1 条は聖書の権威を説明した．つまり聖書正典は神の言葉を含んでいる．預言者と使徒は霊感を受けているが，個々の言葉ではない．神は今日もなお，教会における聖書に基づく説教の奉仕をとおして語っている[201]．

　しかし，ブリンガーは入念に説教された外的な言葉と「聖霊の内的照明」[202] による説教されたものの真理の把握を区別した．

---

200）　序言はすでにカルヴァンとベザがおこなったように，異端に対するローマの皇帝の立法を引用し，それを自分のものとしている．信仰告白の中で述べられた教理の正統信仰は確認されるべきである．

201）　欄外註は断言している．「神の言葉の説教は神の言葉である」．テキストは次のように明言している．「それゆえに，今日，神のこの言葉が正規の召命を受けた説教者によって教会で告知されるとき，神の言葉そのものが告知され（るとわれわれは信じる）」等々（Niesel 223）〔RCSF Ⅲ-173〕．

202）　「外的な奉仕なしでも，御心にかなう人と時に，人間を照明する

聖書は教理を含んでいるだけではなく,「真の知恵と敬虔,教会の革新と指導,あらゆる宗教的な義務の教育に（役立つ）」すべてを含んでいる.

旧約聖書の律法は,教会の益になるように告知される徳と悪徳とを挙げている.神論は神の義を神の慈しみとして分類している.つまり,神は最高善である.画像は徹底的に,とくにキリストの描写は拒否される.それは旧約聖書にある画像禁止の教えと,聖霊の力によって教会に存在する教会におけるキリストの純粋に霊的な現臨に基づいておこなわれる.他方,見える被造物は全体として人間を主へと導くべきものである.予定論はキリスト論的概念で述べられ,そして,常に福音の説教に従属する.「神の約束は信者一般に妥当する」,すなわち,主の祈りとサクラメントによって神の愛をわがものとする者たちに妥当する.

教会のしるし(「Notae et signa」)は「アウクスブルク信仰告白」のそれ,すなわち,み言葉の純粋な説教とサクラメントの純粋な執行である.ブリンガーは信徒の普遍的祭司職を強調した.教会の職務,つまり司教,博士,牧師,長老を数え上げる際に,ブリンガーは特別な職務論を展開しなかった.教会規律を彼は古代教会の意味で理解したが,しかし,そのための特別なプログラムを立てなかった.というのは,キリスト教の規律のための責任は世俗の官憲が担うからである.サクラメント論では,サクラメントが仲介する賜物に強調が置かれた.その見える教会の建設のための共同体を形成する力は,ようやく二番めになって述べられる.この点ではブリンガーはカルヴァンに近い.しかし,彼はしるしと「しるしづけられた事柄」の二元論に固執し,これらの間のサクラメント的

---

ことが神にはできるのを認める……,われわれは神が人々を教えられる通常の方式について……語っているのである」(Niesel 223〔RCSF Ⅲ-174〕),内的照明の教理は,心霊主義に陥いる可能性があるが,これはカルヴァンの場合決してありえない.彼の場合は,霊と聖書(あるいは言葉)は常に相互に関連している.

な神秘のうちに起こる結びつきについてのみ語った[203]．カルヴァンによって主張された「実体的な」現臨は，彼によっては述べられなかった．したがって，ブリンガーの信仰告白は「チューリヒ協定」の教理をくり返したものなのである．

最後に，次のことをしっかりと心にとめておかねばならない．すなわち，ブリンガーはその最高善としての神の定義によって，ツヴィングリ主義にとどまった．このことは予定に関して，キリストのみにおける選びを主張するように定めたのである．ツヴィングリ的なのは，独自の教会規律のない国教会の有効なモデルを含んだものと，サクラメントの二元論であった．一般的に支配的な改革派の教理に，三位一体における神の単一性，キリスト教の生活における聖書と律法の役割，悔い改めと義認と聖化の間の絆の強調，そして最後に，画像の禁止が加わったのである[204]．

キリスト教の国家は，見える教会のすべてのものに妥当する聖化を促進せねばならない．そして，教会の仕え人は世俗的官憲をその任務の遂行において批判的に監視する権利をもっている．ブリンガーがこのように教会憲法と教会規律を公共性に従属させたときに[205]，ジュネーブの宗教改革者と同様，キリスト教社会の同じ理念を目に留めていたのである．

---

203) （「しるしとしるされるもの」）は……神秘的な表示（Significatio）とサクラメントを制定された方の……意志を用いて……サクラメント的に統一される（Niesel 261）．

204) 音楽に関しては，ブリンガーは教会から追放したツヴィングリ主義の伝統を弁護するが，対立する立場をも認めている．彼は主の祝祭と説教における聖人の言及を推奨した．礼拝式でのあらゆる奢侈の否定と国の言葉以外の他の言語の禁止がなお述べられよう．これは一般的な改革派の立場である．

205) Niesel 274f.〔RCSF Ⅲ-453 以下〕を参照のこと．

### c)ハイデルベルク教理問答

　「改革派の福音主義の普遍性」の最良の見本は,「ハイデルベルク教理問答」である.その作成は,一方ではメランヒトン学派の神学的折衷主義(Eklektizismus)と,他方ではブリンガーのような講和の意志と牧会上の配慮によって可能となった.その源泉はすべてチューリヒにあったわけではないが,しかしそれにはブリンガーの全面的な賛成があった.「ハイデルベルクの教理問答」の発端は,プファルツの選帝侯フリードリヒ三世が,ラテン語学校の生徒のためのラテン語の教理問答と,その国の子どもと教区民のためのドイツ語の教理問答の作成を神学者の委員会に委任した1562年にあった.この委員会のメンバーは,とりわけ,すでに述べたウルジヌス,そして,カルヴァン主義者カスパール・オレヴィアヌス,ツヴィングリ主義者トーマス・ブラステ,メランヒトンの弟子の一人ミヒェル・ディラーであった.その共同作業から ── 著者問題の最終的解明はまだ未解決であるが ── ラテン語の「ハイデルベルク教理問答」が成立した.これは[206],1563年に教会会議で採用され,ドイツ語版でただちに二版を重ねた.

　第二版には,侯の願いに従ってミサの「呪われた偶像崇拝」に反対する新しい80問が見られる.このドイツ語の教理問答は,その後1563年の「教会規程」に組み入れられた.選帝侯フリードリヒ三世は,自らテキストの作成にも協力し,またテキストに付けられている聖書の参照指示も作成させた.この文書は,そこにメランヒトン,カルヴァン,ブリンガーの神学の主要な強調点のすべてを取り入れ,ハイデルベルクとチューリヒの間の密接な共同作業から成立したことを,はじめに心に留めておかねばならない.8問,91問,95問,103問はブリンガーの「デ

---

206)　テキストは,Niesel 148-181〔RCSF Ⅲ-1-129〕.J. Staedtke, Entstehung und Bedeutung des Heidelberger Katechismus, in: Ders., Reformation und Zeugnis der Kirche 213-226; Neuser, Dogma 288-290; W. Metz-J. Fangmeier, Heidelberger Kathechismus, in TRE XIV, 582-590. を参照のこと.

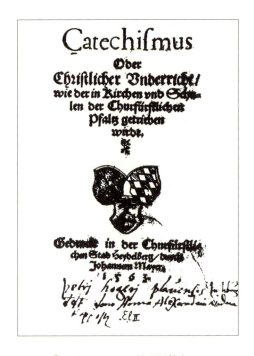

「ハイデルベルク教理問答」の
タイトルページ　1563 年

カーデン（説教集）」から引用されている．オレヴィアヌスとウルジヌスは 1559 年にチューリヒに滞在している．つまり，ブリンガーがチューリヒの学校のためにラテン語の教理問答を書いたその時期である．ウルジヌスがこの宗教改革者に「ハイデルベルク教理問答」のテキストを進呈したときに，彼はブリンガーに対して明確に，その神学的準備作業に対して負っている感謝を述べることを怠ることはなかった．

　このハイデルベルクの仕事はこれに続く時代に，とりわけスイス，ネーデルランド，ニーダーライン，ポーランド，ハンガリー，ジーベンヴェルゲンの，1600 年以後は，ザクセン＝アンハルト，プファルツ＝ツヴァイブリュッケン等々のドイツの領邦の多くの改革派教会に，最も知られ，最も国民的な教理テキストとなっ

1. 信仰告白と国民教会　*121*

左上：アンドレアス・オジアンダー（1498-1552年），ニュルンベルクのルター派教会の創始者．ゲオルク・ペンツの絵画，ローマ・ヴァチカン図書館　右上：ヘルマン・フッデウス（1517/18-1575年），ミンデンの福音主義の監督．ルディガー・トム・リング・ジュニアの絵画（1568年）ベルリン，国立博物館　下：宗教改革者．マルティン・ルター，フィリップ・メランヒトン，ヨハンネス・ブーゲンハーゲン，ヨアヒム・メーリン，マルティン・ケムニッツ　ブラウンシュヴァイク，聖ウルリキ福音主義・ルター派兄弟教会の内陣座席のラインハルト・ロッゲンの肖像画シリーズ（1597年）

III. 改革派教会の発展と議論

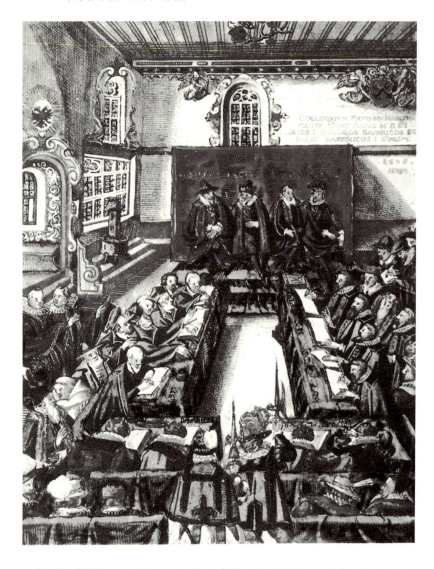

古い帝国都市レーゲンスブルクでは，全部でプロテスタントとカトリック間の三回の宗教会談が行われた．彩色を施されたこの銅版画は，1601年の宗教会談を描いている．ここにはバイエルンのマキシミリアン一世，プロテスタント側ではプファルツ＝ノイブルクのフィリップ・ルードヴィヒ方伯が招かれた．この会談はとくに，聖書が唯一の信仰の源泉であるかという問題に関係していた．14回の会議の後に成果なく中止された．

た．この簡素に組み立てられた教理問答は 129 個の問いと答えの学習テキストであり，教義学者のための小さな神学の教科書であった．しかしまた，青少年のための新しい礼拝形成の発展も刻印した．しばしば日曜日の午後におこなわれた礼拝で，この教理問答教育が説教と祈りのなかでおこなわれた．教理問答は同様に典礼上の意味をももっていた．つまり，プファルツでは礼拝において一年間で全部が通読されるようになった．最後にそれは，敬虔と祈りの本，病人と死期の近い人のための慰めの本であった．

絶えずくり返して述べられる「慰め」と「益」は，実践的なしかたで救いの教理とその個人的習得に強調点を置いた．その結果，読者は読書から実りを得ることができた．ここで，本来の「恵み深い神」への宗教改革的なルターの探求が，改革派の敬虔の分野で十分に表現されたのである．[207]

教理問答の 129 問は，三部に区分されている．最初の部分は人間の悲惨について，第二の部分はキリストによる救いについて，そして第三の部分は信徒の感謝について扱っている．第二の部分では使徒信条，義認論と救いの手段，すなわちみ言葉，サクラメントと規律が説明されている．救いの習得はその出発点を福音の説教にもっている．律法と福音は罪を明らかにする．律法の目標はカルヴァンの場合と同様にキリストの認識である．十戒は第三の部分で語られる．そこでは聖化が問題となっている．[208]

---

207)「ハイデルベルク教理問答」問 52「生きている者と死んだ者とをさばかれるためのキリストの再臨は，あなたをどのように慰めるのですか」，問 57「『体の復活』は，どのようにあなたを慰めるのですか」，問 49「キリストの昇天は，どのようにわたしたちの益となるのですか」，問 51「わたしたちの頭であるキリストの，このような栄光は，どのようにわたしたちの益となるのですか．」等々（Niesel 161）〔RCSF Ⅲ-49, 51, 52, 57〕．
208) そのため第三部は，律法についての考察と祈りの説明を含んでい

信仰に関しては，次のように言われる．「問　まことの信仰とは何ですか．答　それは，神が御言葉においてわたしたちに啓示してくださるすべてのことを，わたしが真実だと思う確かな認識であるだけではなく，むしろ聖霊が福音によって，わたしの中で働き引き起こしてくださる心からなる信頼なのです」[209]．

全体として，権威ある言葉としての聖書と福音を信頼する信仰が，恵みによって，相互に補い合う．個々人の信仰の確かさは教会の領域では選びに基づいている．「問　『聖なる公同のキリストの教会』について，あなたは何を信じていますか．答　……わたしが，その群れの生きたえだであり，永遠にえだであり続けるであろうということです」[210]．

予定自体は，教理問答のツヴィングリ主義，カルヴァン主義，メランヒトン主義の著者たちが疑いなく衝突したにちがいないさまざまな定義のために挙げられない．教理問答は義とする信仰は人間の業ではなく，キリストとその業とを信じて受け入れることであることに注意を促している．「聖霊が聖なる福音の説教をとおして，わたしたちの心の中に信仰を起こし，聖礼典の使用をとおして，信仰に確証を与えてくださるのです」[211]．

このようにサクラメントはカルヴァンの場合と同様に恵みの手段である．これに対して聖餐論は，チューリヒに由来する，「……それ以上に，ちょうど，わたしたちがキリストを記念して，真に，これらの聖なるめじるしを肉の口で受けるように，同様に聖霊の働きによって，真にキリストのまことの体と血にあずかるということ」[212]です．

これをとおしてわれわれがキリストの体と血の実体を受領する神秘

---

る．
209)　「ハイデルベルク教理問答」問 21〔RCSF Ⅲ-21〕．
210)　同，問 54〔RCSF Ⅲ-54〕．
211)　同，問 65〔RCSF Ⅲ-65〕．
212)　同，問 79〔RCSF Ⅲ-79〕．

は，カルヴァンのようには言わない．だが，教会規律，すなわち聖餐からの公の罪人の排除についてはカルヴァン主義の定義に従い，そして彼の場合のようにサクラメントの尊厳についての思想に結びつけられている．

「ハイデルベルク教理問答」は全体としてみれば，一つの統合(Synthese)，あるいはもっと正確には信仰の問題，律法の役割と説教についてのカルヴァンとメランヒトンの発言の混合であった．カルヴァン主義のいくつかの典型的な教理項目が引き継がれた．キリストの三職，キリストの陰府降り，洗礼，教会規律がそうであった．しかし，予定に関して，あるいは聖餐の祝祭におけるキリストの実体的現臨に関して，あまりに鋭く定義された発言が避けねばならないところでは，チューリヒの精神が勝利した．メランヒトンによって受け継がれた信仰の心理学に対する感覚とブリンガーの牧会的な努力とが統合され，この信仰告白に冷静さと温かさを同時に与えた．それは，この信仰告白をさまざまな改革派の共同体の霊的生活のための普遍的に妥当する基礎として受け入れる助けとなった．

## 2. 神学教育と改革派正統主義

### a) 改革派正統主義

「正統主義」という概念は，19世紀の教義史家によって古典的プロテスタントの神学の性格づけのために，改革派同様ルター派にも適用された[213]．これによって偉大な宗教改革者後の時代が考えられていたため，

---

213) Neuser, Dogma 306-339; H. E. Weber, Reformation, Orthodoxie und Rationalismus, 3 Bde., Gütersloh 21967; H. Heppe-E. Bizer, Die Dogmatik der evangelsch-reformierten Kirche, Neukirchen 21958.（ビッアーによる新版は歴史的序説を含んでいる）．

それは軽蔑的な響きをもって,容易にしかも多くの視点から指摘された.一つは,正統主義では,ルターやカルヴァンのむしろ「実存的な神の言葉の神学[214]」から本質的に教義的合理的な神学が発展したという印象をよび起こしたところで起こった.

第二に,教理にかない,模倣を旨とする正統主義の代表者の保守主義について語られ,カルヴァンとルターの亜流が,宗教改革の最初の教えの生命力を,最初の信仰の運動が知的に「確立した」ときに[215],このまさに,宿命的な発展段階の中で失ってしまったと説明された.

第三に,神学自体というより,その専門的な代表者,つまり教授と神学作業に目が向けられた.神の言葉の再発見には,正統主義においては宗教改革者の列聖および教理の厳格な,硬直化した,論争的な定義が続くと考えられた.

こうしたさまざまな見解は比較的新しい研究と,その成果に基づいた研究によって新たに再考されねばならない.この作業は決して完結していない.その前提についていえば,これらはあまりにも早く,神学的な事態を宗教改革的あるいは正統主義的と評価し,この確定に巻き込まれすぎてきた.正統主義の個々の代表者に関する先入観から比較的自由な個別論文研究は,加えて大学で,そして正統主義の神学者によって展開された方法論の重要で不可欠な役割を証明し,これらの神学の宗教改革者の思想への近さを示している.

ランベール・ダノーにおけるように多くの場合において,「スコラ学」という表現が,もし正統主義がスコラ学の「無感覚と着想の乏しさ」を思わせ[216],そしてスコラ学が教育的に成功した知識の説明という肯定的

---

214) Weber, Reformation I, 182f, : O. Fatio, Méthode de Théologie. Lambert Daneau et les débuts de la scolastique réformèe, Genf 1976, IX. における引用.

215) E. G. Léonard, Histoire générale du Protestantisme II, Paris 1961, 185. を参照のこと.

216) Fatio, Daneau 192. を参照のこと.

意味で理解されるなら，正統主義よりもふさわしいだろう．

一つの出発点としては，1564年のカルヴァンの死とテオドール・ベザ（1519-1605年）とヒェロニュムス・ザンキの仕事が挙げられる．これは，神学的な問いを体系的な扱いに隷属させたのである．こうして新しい時期が始まった．

ベザとザンキは[217]，その新しい神学的な方法をとりわけ予定の問題に適用した．これが，将来，論争の中心となった．これに関連する教理的な正統主義がドルトレヒトにおける教会会議で確定し，それによって17世紀をとおして大学スコラ学を全盛期に導いた．宗教改革ははじめから大学と密接な関係にあった．その場合，差しあたって改革派では，ただバーゼルとマールブルクだけが問題であった．しかし，かつての長老に対して，今では牧師としての職務のために必要な神学的教育を得させるものであった「プロフェツァイ」のような公開の神学的な講義は，チューリヒ，ストラスブール（1538年），ベルン（1533年），ローザンヌ（1547年），ジュネーブ（1559年）で正式の神学校に発展した．ジュネーブのアカデミーの創立をもって，カルヴァン主義は改革派教会に模範的に，大学制度における組織と，とりわけ神学の授業内容のためのモデルを与えたのである[218]．

このアカデミーは，スコットランドの大学の改革やライデン，フラネカー（フリースランド）の大学，ヘルボルンの大学の創立，あるいは選帝侯フリードリヒ三世治下のハイデルベルク大学の「ドイツのジュネーブ」への転換に刺激を与えた．1561年（ニーム）と1604年（ディエ）の間に創立された八つのフランスのアカデミーについてはいうまでもな

---

217) 141頁以下をも参照のこと．

218) R. Stauffer, Le Calvinisme et les universités, in: BSHPF 126 (1980)27-51; H. Meylan, Le recrutement et la formation des pasteurs dans les Eglises réformées du XVIe siècle, in: Ders., D' Erasme à Théodore de Bèze. Problèmes de l' Eglise et de l' école chez les Réformateurs, Genf 1976.

い．

　ネーデルランドでは，またフランスでも，しばしば牧師は後に都市の宗務局に併合された説教学校で養成された．ライデンやフラネカーの大学は教会ではなく，それらを創設した世俗の官憲に依存していたからである．スイスでは「神の言葉の仕え人」としての教授が，志願者の任職 (Ordination) の認可を決定した．学校は学位を授けなかった．というのは，この学校はフランスの改革派のアカデミーと違って大学の特権をもたなかったからである．いずれにせよ，ここでも組織された牧師団へ（スイス），あるいは教会会議的に制度化された教会へ（フランス）組み入れられてはじめて牧師となることができた．志願者はさらに語学の何らかの課程を終えなければならない．これにも再びジュネーブがモデルを提供した．[219]

　「私立学校 (Schola privata)」，つまり，ラテン語の高等学校ではラテン語の文学，修辞学と宗教が教えられた．こうして将来の牧師は市民のエリートと同じ教育を受け，彼らと同じ文化を分かち合った．カルヴァン主義の宗教改革の中で，信徒に割り当てられた役割と教会の具体的生活への長老としての参加が，神学的に高い教養をもった信徒を生み出したことは注目に価する．これに対してはユグノーのジャーナリストで政治家のフィリップ・デュプレシィス・モルネがよい見本であろう．彼は，おそらく16世紀末の最高のフランス改革派の神学者である．大学の範囲では「公立学校」の教授が，ヘブライ語，ギリシア語，新旧約および「学芸」（修辞学と自然学）の学科の教育を委任された．つまり一種の神学部が問題となっていた．そこでは，ロッテルダムのエラスムスによって導入された「三カ国語学院」のモデルに従う古代言語の課目，および文学と「文芸」の課目が神学の基礎を固め，枠をつくった．神学自体は

---

219) Ch. Borgeaud, Histoire de l' Université de Genève, l' Académie de Calvin 1559-1798, Genf 1900. を参照のこと．

本来，ただ釈義としてのみおこなわれた（カルヴァンとブツァーの講義）．これは 1587 年に，ベザが教義的神学（ロキ・コンムーネス）[220]のための講座（Lehrstuhl）を開講したときに著しく変化した．

それ以前には釈義を介して，そして学生によって月に一度「さまざまな教理的な項目」について立てられ，教授に提出され，それから公に弁護されるいわゆる「命題」を用いた方法での学生の教理的な教育がおこなわれたのに，この教義学の講義はほどなく神学的な教育活動における本来の中心を形成し，とくにフランスではおそらく「議論（Disputationes）」への欲望を本質的に促進した．世紀末のジュネーブでは神学のみへの退却が明白であった．ベザによって夢見られたすべての知識の領域を包括する大学は，実際にはわずかに神学部のみであった，もちろん正統主義の真の砦ではあったのではあるが．ヨーロッパ全体から急いでジュネーブを訪れる学生は，カルヴァンが本来そのために作成した信仰告白に署名せねばならなかった[221]ことを記しておかねばならない．この習慣は，しかし，1576 年には消えたが，正式に教えられた正統主義をベザがその学生すべてに私的にも告白することを要求したと考えることは正しくないだろう[222]．

この正統主義は『キリスト教綱要』が，すべての神学者にとって根本的な学習テキストとなった限りでカルヴァン主義に基づいていた．ようやく 1617 年以後にその版の使用が減少し，その影響は衰えた．しかし

---

220) ハイデルベルクにおけるウルジヌスの先例を参照のこと．ベザに関しては，P. Fraenkel, De l'Ecriture à la dispute. Le cas de l' Académie de Genève sous Théodore de Bèze, Lausanne 1977. を参照のこと．

221) テキストは OS II, 374-379. この信仰告白はまったく特別にカルヴァン主義を確立するすべての問題において明瞭である（規律，予定，聖餐等々）．

222) アルミニウスとアルミニウス主義者ユーテンボハエルトは彼の学生であったが，しかし，その教師のアリストテレスの弁証法よりも予定論では彼に従うことなく，P. ラムス（Ramus）の方法を選んだ．

そのテキストはすでに註釈を付けられ要約され，註解を施され，そのためにカルヴァンの思考への入り口はますます規則どおりになっていった．[223]

神学の「規則通りの」性格は，今やすべての教育を支配する方法と形式においてアリストテレスの「弁証法」（あるいは形式論理）が，神学的な思考作業と教育学の主要な道具となることによって，最も明瞭に示された．この重要な事実は，それ自体再び改革派の正統主義の完成に反作用を及ぼした，多くの要因の集合の結果であった．一度，ベザが1583年にランベール・ダノーの著作へ序言を書いたことがある．その中で彼は，全キリスト教徒の復興は，学校における純粋なペリパトス学派の論理学の再受容の結果であると説明している．これはフランスの人文主義者ルフェーヴル・デタープルに，しかし，とりわけメランヒトンの働きに負っている，と．[224]

第二に，大部分の改革派の神学者によって難なく引き継がれたメランヒトンのアリストテレス主義は，カトリックとの論争における修辞的・弁証法的な武器として，またルター主義者との論争においてもとくに有用なものと証明され，そしてカトリック教徒が伝統的なスコラ学の哲学と弁証法を固執しまた更新していたから，また彼らに対して釈明せねばならなかったからいよいよそうであった．

1563年のトリエント教会会議の終了と，それによって起こされた教派的な前線の硬化とともに，またフランスの改革派の哲学者ピエール・ラムス（1572年没）—— アリストテレスの哲学と方法の不倶戴天の敵[225]

---

223) O. Fatio, Présence de Calvin à l'epoque de l'Orthodoxie réformée. Les abrégés de Calvin à la fin du XVIe au XVIIe siècle, in: W. H. Neuser (Hrsg.), Calvinus Ecclesiae Doctor, Kampen 1980, 171-207.
224) テキストは，Fatio, Daneau 41f. の引用と註釈.
225) ラムス（Pierre de La Ramée）については，とくに R. Hooykaas, Humanisme Science et Réforme: Pierre de La Ramée(1515-1572) Leiden 1958.

## 2. 神学教育と改革派正統主義 *131*

——のスイスとドイツへの旅行が，ベザやアントワーヌ・ド・シャンデュ（1591年没）たち神学者に，その方法を合理的に根拠づける必要性を最終的に確信させた．

必然的になった教派的闘争と更新された弁証法との，また論理的問題と形而上学的問いとの結合を，神学者でないアグリッパ・ド・ビィニュが最もよく記述している．

「もし，わたしが敢えて彼らに対して[226)]，その鋭さなしには錯綜した差異を解きほどくことができないなら，形而上学について語ったであろう……そしてその上，敢えて生徒は，トマス・アクィナスの策略を見抜くことができるように教育されねばならないとの願いをもったとすれば……それはわたしにとって，聖書の純粋さとそれを告白している人々の率直さが讃えられたことになるのだ！ お願いする．若者にいかに教えるかよりむしろ，いかに身を守るかが示されるように……議論の技術において敵と同じレベルに立とうではないか！ われわれの論争の対象は勝利が確実であればあるほど価値があり，報いがあるのだ」[227)]．

したがって，改革派のスコラ学教育は改革派神学の「退化」の結果ではなく，神学的闘争の新しい形式であった．このことはとくに1592年にアントワーヌ・ド・シャンデューの文書「真の方法について」において明らかとなった[228)]．彼はその中で論理的思考についてのこの学問を，これは教会教父以来，異端を阻止する卓抜した手段であると弁明し賞賛した．このシャンデューによって弁護されたアリストテレスの弁証法は，形而上学の分野での必然的な思想の歩みの発展をも助けた．形而上学

---

を参照のこと．

226) 1606年に創立されたソミュールのアカデミーの教授が問題となっている．彼らは1610年ころにはその方法をまだ身につけていなかった．

227) M. トンプソンへの手紙, in: Agrippa d' Aubigné,(Euvres, hrsg. von H. Weber- J. Bailbé-M. Soulié, Paris 1969, 834f.).

228) Neuser, Dogma 309-311. を参照のこと．

およびペリパトス学派の論理の誤りを弾劾したラムスへの答えとして，シャンデューはキリスト教の教理を教養のない者と優柔不断な者のもとで広める「修辞的」神学と，聖書のみから汲み出した教理をスコラ的なしかたで弁護するために弁論の輝きを放棄した，推論的あるいは「弁証法的」な神学とを区別した．

ランベール・ダノーもまた，この方法の問題に専念した．彼によれば，現実的な神学は真の教義を，人がそれに反するものを誤りとして証明できるように，教えることにある．この同時的な二重のやり方はメランヒトンによって新しく定義されたアリストテレスの論理学の「学問的」な方法に従ったものだった．

概念の説明と思想の道は，彼の場合，ベザの場合と同様に表と図表の作成となった．これは思想を教育的に可視化したものである．[229]

```
神，  それ自身から認識される．
神，  働きから認識される，内に向かって
                              天で（天使）
                    創造
                              地上で
              外に向かって
                    救済
```

論理学はこの理解によれば推論的思惟の形式を提供することとなる．他方，人々は聖書の中に，ますます聖書主義的な理解で（人々は徐々に聖書の逐字霊感説に近づいた）すべての実用的知識をすべて見出し展開することができると考えた．この知識を，その後神学が，また物理学や倫理学も体系的に扱うこととなった．その際に神学の「論題（ロキ・コンムーネス）」は二つの領域にますます分けられた．つまり，神に関連するものとその業に関連するものとにである．こうして教義学が「神について

---

229) Fatio, Daneau 151, この図表は L. ダノーによって作製された．

の幾何学」に変化した．その際に，定義と三段論法（Syllogismen）が信仰告白の内容の存在論的性格を強調した．

　真に人文主義的意味で，ツヴィングリとカルヴァンは神の認識と人間の認識を常に互いに対置した．彼らはキリスト教的な「知恵」と，キリスト教的な「哲学」について語った．そして警告と働きとしての神の言葉に特別の価値を置いた．改革派のスコラ学はこれに対して，教理をその人間学的，牧会的含意から分離することに傾いた．というのは，その考えによれば，これらは教会の説教の領域に属していたからである．

　ベザやダノーのような神学者は，忠実にカルヴァンの神学に固執したが，しかし彼らのしかたで神学の大きな問題を新たに定義し説明して，新しい問題をも明るみに出した．そしてこれをめぐって，すぐに教派的な正統主義が出現した．これはとりわけ二重予定の教理における場合がそうであった．

　アカデミーの校長，ジュネーブの教会の頂点でカルヴァンの後継者であったテオドール・ベザ[230]はその神学的著作では，わずかないくつかのテーマを扱ったにすぎなかったが，それらはカルヴァン主義の正統主義の理論的な構築にとって本質的なものであった．すなわちキリスト論，教会と世俗的権力，聖餐，予定である．彼は予定論を論理的な体系に変えた．その最終的な不変の姿が，有名な1570年の「予定の図表」の中に見られる[231]．

---

230)　ベザ（1519-1605年）については，P.-F. Geisendorf, Théodore de Bèze, Genf 1967; W. Kickel, Vernunft und Offenbarung bei Th. Beza, Neukirchen 1967; J. S. Bray, Theodor Beza's Doctorine of Predestination, Nieuwkoop 1975; J. Raitt, Beza, in TRE V, 765-774. ベザの手紙の出版は進行中である．(Correspondance recueillie par H. Aubert, hrsg. von H. Meylan- A. Dufour u. a., Genf 1960 ff).

231)　Tractationes theologicae, Genf 1570, 170（図表はHeppe-Bizer 119にも見られる）．

## III. 改革派教会の発展と議論

テオドール・ベザ，無名の大家による絵画

　二重予定論はベザの図式的な表現によれば「全キリスト教の総体」として示され，これが「真の」改革派神学の核心と判断規準となった．神の「永遠，不変の決定」(大前提 [Propositum]，中段) は，選びと同様に遺棄に及んでいる (左右の段落)．この決定は人間の創造と堕落に論理的に先立っている (中段)．選ばれた者と遺棄された者の生命は (左右の段落)，永遠の決定の時間的な遂行である．

　最後の審判 (中段下) は，神の義を啓示し，その頂点は神の栄光の讃美である．ここではじめて憐れみのモチーフが現れる．すなわち，神は人間の堕落を，「憐れみの器」と「恥辱の器」とにおいて，その全き栄光を知らせるために，欲された (カルヴァンを参照のこと)．他の文書でベザはもっと慎重な態度をとっているが，しかし彼は，常に，「神における」選びの決定と「キリストにおける」選びの遂行とを因果の原理 (ordo

## 2. 神学教育と改革派正統主義　135

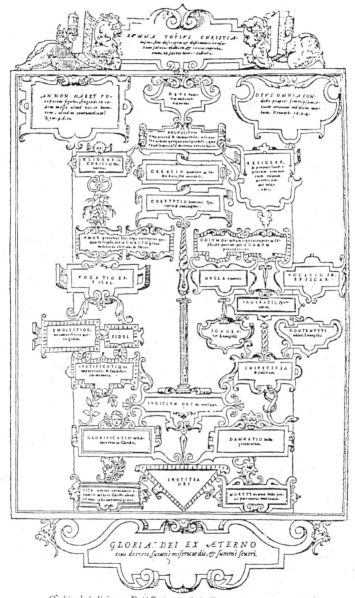

テオドール・ベザの予定の図表

causarum[232])に従って区別した．際立って見えるのは，彼の教理は道徳主義的な調子よりも，もっと神秘主義的な調子をもっていることである．

このことは，ベザが信徒の業の中に，その良心に対する彼らの選びの証明（Zeugnis）を認識するありかたに見られる．すなわち，心の動揺，罪の後悔，神への祈願は，実際選びの「最も確かなしるし」なのである[233]．

### b) 堕落以後説と堕落以前説

予定論に関しては改革派の神学者の間で大きな議論にいたり，堕落以後説と堕落以前説が互いに争われた．この両概念をもって提起されてきた神学の問題は，歴史家によってしばしば誤って理解されている．その意見では，堕落以後説に従えば，選びと遺棄に関する神の決定はアダムの堕罪後におこなわれたという教理であり，他方，堕落以前説の場合は，それが堕落の前に起こったということを意味している．しかし，二重予定の神学者の場合には，決して時間的な順序が語られるのではない．というのは，この人類史を導く神の決定は時間にではなく，永遠に属しているからである．堕落以後説と堕落以前説は，神の決定（Dekret）の時間的な順序ではなく，ただ論理的な順序に関係している．したがって，問題は次のようになる．すなわち，神は，人間を永遠から創造しあるいは遺棄するときに，人間をすでに創造され，堕落したものとして（堕落以後説），あるいは，創造されるべき，そしてあるいは堕落すべきもの

---

232) しかしながら，Kikel, Vernunft und Offenbarung がおこなっているように，ベザの合理主義を過大評価してはならない．論争文書は大幅にキリストの救いの業に方向づけられているその説教活動によって修正されねばならない．

233) ベザの「キリスト教の黙想」（M. Richter の新版 Genf 1964）は，ベザの実践的三段論法の霊的な性格を証言しており，ルターの「誘惑」を思わせる．

## 2. 神学教育と改革派正統主義   *137*

として（堕落以前説）考えるのかどうかである．したがって，選びと遺棄の決定は，アダムの創造とともにその堕落を許されるお方との関連で，いかなる論理的位置を占めるのか，を知ることが問題となる．

　堕落以前説は創造と救いの計画全体を神の讃美のための手段として考察しているが，その結果，人間は一定の目的なしに（incerto fine）創造されえたという考えは避けられねばならない．堕落以後説はこれに対して人間の救いを神の讃美のための主な動機として強調する．こうした問題全般は，カルヴァンとわれわれによって研究されてきた改革派の信仰告白とは無縁だった．ベザはその「図表」において，堕落以前説的に考えはしたが，この完全にまったく論理的な学派上の問題はそれ自体，教理における分裂にいたることはありえなかった．たとえば，ドルトレヒトにおいては堕落以後派と堕落以前派は，「神における」また選びに関しては「キリストにおける」決定の論理的順序の問題を，予定をもっぱらキリスト論に基礎づけるために拒否したアルミニウス派の教説の断罪において意見が一致したのである．

　二重の予定の教理は，すでにカルヴァン主義の形において，この問題についてのブツァーあるいはルターのような理解とは相違している．二人の神学者は，予定は，ただ人間の生活と信仰についての神の予知と重なり合っているという事実のみを際立たせようとした．彼らはそのことで，神が悪の創始者と思われることを妨げようとした．しかし，カルヴァンと同じように徹底的にいわれのない選びの，したがって恵みの本質について，また救いの源としての唯一の神の意思について語ったのである．

　ブリンガーはカルヴァンの定義に不信の念を抱き，予定をただ，選びの意味においてのみ語った．予定が選びに従属されたのである．すでにエラスムスの後期の神学において認められ，そしてカルヴァンがその二重の神の決定の教理によって防ごうとした人文主義的，合理主義的傾向が，今や，エラスムスの故郷ネーデルランドで，ベザのような正統主義に反対して始まった．そしてベザの死後，ジュネーブで，ライデンやフ

ラネカーの大学で徹底された正統主義の教理の体系化に反対して、アリストテレスの論理学によって導入されたすべての形而上学にいかなる価値も認めないラムス主義、および、聖餐の問題ではラムス自身が代表していた後期ツヴィングリ主義の側からの、または道徳的人文主義の側からの、反対が一致して唱えられた。問題は激化した、というのは、加えてカルヴァン主義の規律と長老主義＝教会会議制度が導入した教会的絶対主義の問題がフランスでジャン・モレリとラムスによって、すでに1572年のバルトロミーの夜以前に提出されていたからである。二人のツヴィングリ主義者は信徒の自由と地域共同体の名で役員会と教会会議のやり方を問題にした。

ハイデルベルク大学の医者、トーマス・エラストゥス（1583年没）は、クーア・プファルツにおける改革派の信仰告白の導入に関与し、同じくツヴィングリ主義者であった。彼はプファルツで国家は教会の生活を監視しなければならないという命題を弁護し、それによって、カルヴァン主義の規律とともに現れる教会的権威主義を阻止することができると期待した。

---

234) ジュネーブで教育を受け、その後1558年にフランスに送られたフランスの牧師J. シャンベリ。J. シャンベリの蔵書はとくに、ルターの二巻、ラムスの一巻、そしてエラスムスの二巻を含んでいる。Kingdom, Geneva and The Coming of the Wars 16. を参照のこと。

235) この問題でベザとジュネーブの神学者がこの件で果たした役割については、Kingdon, Geneva and The Consolidation of the French Protestant Movement. を参照のこと。

236) R. Wesel-Roth, Thomas Erastus. Ein Beitrag zur Geschichte der Reformierten Kirche und zur Lehre von der Staatssouveränität Lahr/Baden 1954; W. Maurer, Erastus, in: RGG$^3$ II, 537f. を参照のこと。

## 2. 神学教育と改革派正統主義　139

c) アルミニウス論争とドルトレヒトの教会会議

　ネーデルランドにおいて，長期間にわたってもつれたアルミニウス論争[237]とともに，ついに危機が勃発するにいたった．

　単に，救いに関して教理が対立したばかりでなく，宗教の問題と教会の規律の構造における国家の法についての異なった理解も互いに衝突した．若く独立したばかりのオランダ議会に現れた政治，社会的問題と宗教的問題が互いに密接に関連し合ったのである．

　ヤコブ・ヘルマンス（アルミニウス 1560-1609年）[238]はライデン，ジュネーブ，バーゼルで輝かしい研究を修め，ラムス主義者であったが，そのホラントへの帰還の際にアムステルダムで牧師となり，そして自由主義の人文主義者ディルク・フォルケルツゾーン・コールンヘルトと正統主義の牧師たちとの間の論争に巻き込まれた．最後には1591年に厳格なカルヴァン主義に反対し，ライデンの教授になった後に，堕落以前説の同僚フランツ・ホマルスに抵抗した．1609年10月16日のアルミニウスの死後，連合諸州のすべての教会と州においてアルミニウス論争が燃え上がった．カルヴァン主義者は，以後，エラストゥス主義，つまりエラストゥスが教えたような不誠実なしかたで，国家教会主義に従うアルミニウス派の立場を追放するために「ベルギー信仰告白」と「ハイデルベルク教理問答」を用いた．これら（アルミニウス派）は1610年に「抗議書」（ここから抗議派［レモンストラント派］とよばれた）を公にし，これをホラントと西フリースラントの州に提出した．否定的五箇条は二重予定を拒否し，肯定的五箇条はキリストの永遠の決定を主張し，予定を信じ，

---

　237)　Seeberg, Dogmengeschichte 97 節；Weber, Reformation II, 98-128; Neuser 335-338; A. H. W. Harrison, The Beginnings of Arminianism to the Synod of Dordrecht, London 1926; G. J. Hoenderdaal, Arminius/Arminianismus, in: TRE IV, 63-69. を参照のこと．

　238)　C. O. Bangs, Arminius. A Study in the dutch Reformation, Nashville, Tenn 1971. を参照のこと．

信仰において堅忍する者についての神の予知として定義し，恵みの不可抗であることに異議を唱え，そしてすべての者に提供された恵みを捉える人間の協働を述べた．選びのキリスト論的な基礎は，このようにして人間の決断の尊厳を回復する努力に役立った．そのことによって，キリスト教の生活の倫理的次元も基礎づけられ，強調されることとなった．

アルミニウス主義の危機は，改革派の正統主義が望んだドルトレヒトの全国教会会議の召集と「自由主義者」の敗北にいたった．この教会会議の154回の会議には（1618-1619年）フランスと中央ヨーロッパの遠方からの者を除いたすべてのヨーロッパの改革派教会の派遣者——博士，牧師，長老——が参加した．この教会会議はアルミニウス派の誤った教理を断罪する条件付きの法廷に似ていた．1619年に出版された信仰規準[240]は，本質的に予定とそれに関連する問題に関係していた．五箇条の各々は反対者の誤謬の断罪によって終わった．最後に，信仰規準は聖書の言葉と改革派の信仰告白の忠実な解釈として確認された．

堕落以後＝堕落以前派は以下の命題については互いに合意していた．すなわち，遺棄された者を神の裁きに委ねる神の永遠の決定は一定の個々人に関係し（恵みの普遍主義の拒否），キリストをその救いの基礎とする．この救いは召命（説教の言葉と聖霊の働き）によって，また義認と聖化によって実現されるが，しかし，神の予知には依存しない[241]．

---

239) フランスの派遣者は国王の命令によって参加を妨げられ，そのために手紙を送った．J. P. Van Dooren, Dordrechter Synode, in: TRE IX, 140-147. を参照のこと．

240) テキストは，BS RK 843-861〔RCSF IV-145-286〕．

241) 「この選びは，神の不変の決意である．これによって，神は世界の基が置かれる前に，ほかの者より勝れていたり価値があるのではなく，ほかの者と共通の悲惨のうちにある一定の数の人間を，最初の無辜の状態から自分自身の咎によって罪と滅びに陥った全人類のうちから，神の意思による自由な好意に従って，まったく恵みによって，キリストにおいて選び出された．……神はかれらをキリストに託し，その言葉と霊に

選ばれていることの実り（悔い改め，神の義の切望，愛）は，救いについての信徒の意識を証言する．この実りを選ばれていることの実りとして感知し，体験するまでにはいたらないが，しかし，救いの手段を用い，恵みを熱望する者は自分を選ばれている者とみなしてよい．ただ公然たる，そしてこの教理によって否定されている無神論者のみが，選びから排除されている．信徒は罪の肉体の奴隷にとどまっており，疑い，堕落するが，しかし，彼らはその心に「恵みの芽」をもち続け，これが彼らの選びを撤回できない，無条件で確実なものとする．というのは，彼らは決して神から完全に見捨てられないからである．彼らの召命の有効性はダイナミックな霊的，倫理的生活へと動かし，その場合に救いの意識の増加する深みは聖化の前進に対応する．

ドルトレヒトの信仰規準は，急進的な「正統主義のテキスト」より以上に急進的である．それはむしろ堕落以後説の基礎に立って，[242]同時にペラギウス的に考えられたアルミニウス主義を防御するために役立ち，カルヴァンの精神を反映していた．真にカルヴァン主義的なのは，究めることのできない神の全能についての中心的な発言であった．これは救いの神中心主義と客観性を強調するものとなった．同時に，教理の牧会的，霊的方向づけは，信徒の聖化の前進に着目している[243]．

二つのことが改革派とカルヴァン主義の用語法と問題状況に従って，宗教改革の恩寵論を特徴づけた．これにとっては改革派の神学と霊性を，

---

　　よる交わりへと力強く召し，引き寄せ，あるいは，キリストへの真の信仰を授け，義とし，聖とし，そして，御子の交わりのうちに力強く保たれて……たたえるにいたるように決定された」等（BSRK 844）〔RCSF IV-160〕．

　242）堕落，つまり予定の目標の対象としての堕落後の人類について語られる．

　243）そのため正統主義者がアルミニウス派に対する闘争で，予定の問題に対して慎重であったにもかかわらず，「ハイデルベルク教理問答」を用いたことを驚いてはならない．

法律主義的な（聖書主義[244]）あるいは合理主義的な（人文主義）倫理的道徳主義から守ることが問題であった．というのは，二つの形態が内部からプロテスタンティズムについての改革派の理解を脅かしたからであった．

しかし，神の決定の撤回できないこと，二重の予定と信徒の堅忍についての肯定的な発言の痛烈な鋭さ，および特にそれらにすぐ続く破門の呪いは，宗教的一致またアルミニウス主義者フーゴ・グロティウスが代表していたような宗教的寛容の理想に対する裏切りであった．宗教改革の核心的使信は救われはしたが，しかし，アルミニウス派を離教に追いやり，そしてグロティウスが達成しようと試みた，他の宗教上の信仰告白へのあらゆる接近を排除する，正統主義内部での教派化という，高い代価を払った．

ドルトレヒトの信仰規準は，オランダ議会，スイスの地域，ジュネーブ，最後にフランス（1620年のアレスの全国教会会議）の改革派教会によって採用された．それは正統主義スコラ学の展開と，救いの普遍性の教理を総合しようとする新たな試みへのきっかけであった．しかし，アルミニウス派の抵抗，新しい神学の潮流，とりわけ改革派の共同体が根づいた諸国の政治的，文化的発展は，堅固な教理を得ようとした努力をきわめて疑わしいもの，あるいはそれどころか役に立たないものにした．特に，それが改革派陣営におけるその他の内部の議論，たとえば，聖餐や規律の議論をおろそかにし，また，実際しばしば改革派自身によって担われた世紀の新しい価値も，不十分にしかもち込まれなかったのでなおさらである．

---

244) 義認と聖化の宗教改革の教理との結びつきのない聖書の道徳主義が，倫理的生活についてのカルヴァン主義の教理の代わりに自分を置くような危険を冒すのと同じ程度に．

# 一般的文献(Allgemeine Bibliographie)

## 資料(Quellen)

Martini Buceri Opera omnia: Abt. I: Deutsche Schriften I ff, Gütersloh 1960 ff; Abt. Ⅱ : Opera latina I (XV) ff, Paris-Leiden 1955 u.a.ff; Abt. Ⅲ : Correspondance de Martin Bucer I ff, Leiden 1979 ff.

Joannis Calvini Opera quae supersunt omnia, 59 Bde., Berlin-Braunschweig 1863-1900 (Corpus Reformatorum, abgek. CR 29-88).

Opera selecta, hrsg. von P. BARTH-G. (W.) NIESEL-D. SCHEUNER I-V, München 21979(abgek. OS).

Catéchisme de Genéve (in modernem Französisch), Paris 1934.

Confession de foy (Französisch aus dem Jahre 1559): Text hrsg. bei NIESEL (s.u.), 65-75.

Bekenntnisschriften und Kirchenordnungen der nach Gottes Wort reformierten Kirche, hrsg. von W. NIESEL, München 1938 (abgek. Niesel).

Die Bekenntnisschriften der reformierten Kirche, hrsg. von K. MÜLLER, Leipzig 1903 (abgek. BSRK).

Eine Ausgabe wichtiger Texte in modernem Französisch bei O. FATIO (Hrsg.), Confessions et Catéchismes de la foi réformée, Genf 1986.

Weitere Quellen zu Bucer und Calvin vgl. TRE Ⅶ , 268.590.

## 訳者あとがき

　本書は，Histoire du christianisme des origines à nos jours Tome VIII: Le temps des confessions（1530-1620/30），sous la responsabilité de Marc Venard, Desclée/ Librairie Arthème Fayard, Paris 1992 のドイツ語版，Die Geschichte des Christentums: Religion, Politik, Kultur/ dt. Ausg.hrsg. von Norbert Brox…-Freiburg im Breisgau; Basel; Wien: Herder. Band 8. Die Zeit der Konfessionen:（1530-1620/30）/dt. Ausg. bearb. und hrsg. von Heribert Smolinsky.（『キリスト教の歴史 ── 宗教，政治，文化』第 8 巻「信仰告白の時代」第 1 部・第 2 章所収の，オリヴィエ・ミエ「改革派教会」［47-121 頁］）の部分の翻訳である．この叢書はフランス語の原典から同時にドイツ語版としても翻訳・編集され出版されてきたが，翻訳はこのドイツ語版によっている．

　本叢書はキリスト教の歴史をその起源から今日（2000 年）にいたるまで宗教・政治・文化といったおよそキリスト教にかかわるあらゆる分野，教会，地域，国々をカバーしようとしている．執筆者もそれぞれの分野のスペシャリストで，顔ぶれもエキュメニカルと言うことができるだろう．

　訳者は，キリスト教の起源を辿って，あるいは自分の属する教会・教派の歴史を尋ねて折にふれてこの叢書を読んできたが，そのつど新しい

知見と刺激を受けてきた．

　ここに翻訳した「改革派教会」はその中のわずか一つにすぎないが，簡潔ながら最新の研究をも踏まえた信頼できる優れた論述である．第8巻は「信仰告白の時代」という表題がついている．これはまた「教派の時代」と翻訳することも可能である．この時代に西欧キリスト教世界にはじめて信仰告白に基づく団体・グループ，運動が教理的にも法的にも互いに対立し分離・分断された複数の教派・教会の成立をみるにいたり，ローマ・カトリック教会すらもその中で一教派・一教会にすぎなくなってしまう．こうした状況が一応安定するには1世紀以上もかかるが，それがまさに「信仰告白の時代」「教派の時代」さらには「教派化の時代」といわれるゆえんである．そしてこの時代に出現した教派・教会がその後さまざまな変遷を辿りつつも現在にいたるまで存続しているのである．

　翻訳を志したのは，西欧のキリスト教会が激変を経験している現在，同じく激変を経験した「信仰告白の時代」を，現在の西欧のキリスト者が，教会が，どのように理解し捉えているかという関心からであった．その際に私自身に一番近いのがこの「改革派教会」であった．第8巻の一部ではこの時代に出現した「ルター派教会」をはじめとして六個の教会が取り上げられ，さながら信条学の教科書のような観を呈しているが，その一つひとつが紹介され翻訳されれば，われわれの教会についての理解がいっそう豊かにされるであろう．

　2017年は宗教改革500年の記念の年として各地で記念の行事がおこなわれている．この宗教改革に始まる「信仰告白の時代」「教派の時代」を扱う第8巻の緒論をこの時代全体の紹介・説明として目次と共に翻訳しておきます．

### 信仰告白の時代(1530–1620/30)
マルク・ヴェナール編／ドイツ語版　ヘリベルト・スモリンスキー編

序言
緒論

第一部　信仰告白の現象
　第1章　ルター派教会
　第2章　改革派教会
　第3章　再洗礼派
　第4章　英国国教会の宗教改革
　第5章　カトリック教会
　第6章　論争と対話
　第7章　東方正教会

第二部　分離したキリスト教世界の地図
　第1章　ドイツ・スイス・スカンディナヴィアの地域
　第2章　フランスとネーデルランド
　第3章　イギリス諸島の宗教改革
　第4章　イタリア
　第5章　東中央ヨーロッパ：ベーメン，ハンガリー，ポーランド
　第6章　イベリア半島
　第7章　アフリカ
　第8章　ラテン・アメリカ
　第9章　インド・日本，中国の福音伝道の始まり

第三部　キリスト者の生活
　第1章　宗教生活の集団的形態
　第2章　宗教生活の個人的形態
　第3章　悪魔に対する恐れ

第 4 章　知的運動と教会
第 5 章　倫理の問題
第 6 章　芸術，祈り，信仰

## 緒論

　　　　　　ヘリベルト・スモリンスキー（Heribert Smolinsky）
　　　　　　マルク・ヴェナール（Marc Venard）

　1530 年頃に西欧キリスト教徒の歴史にとって信仰告白（Bekenntnisse）とこれとともに教派化（Konfessionalisierung）の時代が始まった．

　皇帝カール五世は，フランスにおける戦果とそれに続く平和条約締結の後にはその権力の絶頂にあり，そしてまさに 1530 年 1 月 21 日にはボローニャで教皇によって戴冠させ，4 月 8 日にはアウクスブルクに帝国議会を召集し，さし迫ったトルコに対抗するための援助と宗教の一致の問題に着手することはできた．しかし，一致の試みとして計画されていたことには失敗した．

　帝国議会ではルター派の等族（Stände）は基本的にフィリップ・メランヒトンによって編集されたその信仰告白，「アウクスブルク信仰告白（Confessio Augustana）」を皇帝に提出した．ただちに皇帝の委託でカトリックの党派によるその論駁のために「アウクスブルク信仰告白論駁（Confutatio Confessionnis Augustanae）」が出され，これをメランヒトンがもう一度「アウクスブルク信仰告白弁証（Apologie des Augsburgischen Bekenntnisses）」において却下した．同時に，ツヴィングリは私的な信仰告白，「皇帝カールへの信仰の弁明（Fidei ratio ad Carolum imperatorem）」をアウクスブルクへ送った．

　これは「アウクスブルク信仰告白」と同様，カトリック教会とも一線を画するテキストであり，これをもってスイス人の宗教改革者がその信仰を釈明した．上部ドイツの諸都市ストラスブール，コンスタン

ツ,メミンゲン,リンダウは7月9日に「四都市信仰告白(Confessio Tetrapolitana)」をもって固有の信仰告白を提出し,ルター派とスイス人との間の中間の立場を取ろうとした.ツヴィングリは死の少し前1531年7月フランスの国王フランソワ一世のために信仰告白,「キリスト教信仰の解明(Christianae fidei expositio)」を起草した.すでに20年代の後半にはじまった経過が今や一段と強化された.

つまり,形成されはじめた教派の教理上の限定ということで,これは結局は,キリスト者を断固たる決断へと挑発した.

このことはローマ・カトリック教会への立場ばかりではなく,プロテスタント相互への立場にも関係しこれがその分裂を推し進めた.

ほどなく教理と生活の包括的な規制を伴う多数の教会規程と西ヨーロッパにとってきわめて効力をもったカルヴァン主義の宗教改革がこれに加わった.しかしシュマルカルデンのような同盟もこうした経過を促進した.

1534年以降はこれに加えてヘンリー八世のイングランドがこの発展に加わった.同時に,帝国においては,ユーリッヒ=クレーヴェ=ベルクと常にくり返して和議と一致を迫るクーア・プファルツとブランデンブルクによって代表される和解的な中間党が存在しはしたが,しかし今日の視点からは,これが教会の一致という目標をもってこの危機から脱出する神学的道を求めた,かの調停神学者たちと同様に教派化への道をほとんど阻止できなかったが,その際こうしたすべてが必然的に生じざるをえなかったか否かは未解決のままである.20年代の後半にはじまったことは1530年頃に増強されて継続した.

このような一例は,たとえば逸脱者の迫害である.パリでは1529年に,ルイ・ベルカン(Louis Berquin)なる一人の高名な人物が火刑に処され迫害の犠牲になった.すでに1527年にはパッサウ(Passau)で司教の裁判がルター派,レオンハルト・ケーゼル(Leonhard Käser)を断罪し,バイエルンの領邦君主が彼を処刑した.

1527-1528年にはフランスと同様に，イングランドでも教会会議が異端者を弾劾し，あるいは文字どおりルターにも言及した．

洗礼派はあらゆる傾向の聖俗の当局によって迫害された．1526年にはチューリヒの市参事会は再洗礼派に対して死刑を決議し1527年の1月5日にその最初の信仰の証人としてフェリックス・マンツ（Felix Mantz）が溺死刑を受けた．ウィーンでは1528年にバルタザール・フープマイヤー（Balthasar Hubmaier）が再洗礼派として処刑された．1529年の帝国議会は洗礼派の迫害を承認した．このことが法的地平でのその排除の激化を意味したとすれば，類似したしかたで，とにかく別の信仰の立場のシンボルに反対する，たとえばカルヴァン主義の画像破壊のような熱狂主義も存在し続けた．

事態は説教，教理問答，巡察による自らの教理のいっそうの貫徹にいたった．カトリックの側では，一方では，論争的神学者が聖書の翻訳，教理問答，説教集を生み出そうと努め，一線を画する論争と並んで教理と宗教の実務の肯定的な記述によっていっそう広汎な層に働きかけ，宗教改革に対して競争し続けることができるようにした．他方では，執拗な戦術で教会改革と教皇クレメンス七世によって今まで回避された公会議を求めるよびかけが，1530年頃にはただ存続するばかりでなく帝国議会の決議によってなお激化した．いずれにせよ1534年以降はじめて大きな教会会議の召集が手の届くほど間近になった．

数十年後にはアウクスブルクの宗教和議が1555年に最初の帝国法上の解明を，ローマ・カトリックの視点からは1545年から1563年まで開催されたトリエントの教会会議が教義上の解明をもたらした．

しかしそれにもかかわらず，その後でさえもなお長い期間，これがプロテスタントあるいはカトリックのキリスト者の具体的な生活と行動においてどのような意味をもつのか定かではなかった．

ようやくゆっくり，教理上のことばかりではなく，ほとんどすべての生活分野と同様に宗教上の実務をも含めて別々に出現した諸教派が発展

した．その際同時に，多くの経過において教派を超えて広がる類似性が示されている．最後に教派化のこうした道は初期の国家の本質的なしるし（Signum）にもなった．これなしにはこの道は捉えることができない．

オリヴィエ・ミエ
## 改革派教会

―――――――――――――――

発行
2017 年 10 月 10 日

定価
（本体 2,000 円＋税）

訳者
菊地信光

発行者
西村勝佳

発行所
株式会社 一麦出版社

札幌市南区北ノ沢3丁目4-10 〒005-0832
Tel.(011)578-5888　Fax.(011)578-4888

印刷
総北海

ISBN978-4-86325-107-6　C3016　¥2000E

―― 一麦出版社の本 ――

## 執事職 ―― 改革派の伝統と現代のディアコニア
エルシー・アン・マッキー　井上正之・芳賀繁浩訳

ディアコニアについて、改革派の伝統に歴史的・神学的に学ぶ。今日の教会における執事のつとめにふさわしく適用されるための具体的な方法を提示。

A5判　定価【本体2000+税】円

## 長老職 ―― 改革派の伝統と今日の長老職
ルーカス・フィッシャー　吉岡契典訳

神の言葉のもとで教会を治める働き。今日の世界で直面している実践的課題を示す。改革派教会の伝統とともに今日的課題にも啓発されるに違いない。

A5判　定価【本体2000+税】円

## 長老教会の問い、長老教会の答え ―― キリスト教信仰の探求
ドナルド・K・マッキム　原田浩司訳

隣人から問われる問い、キリスト者にとって基本的な問い。教理的な項目に即してアレンジされており、新来会者や信仰告白の学びの会などに最適。

A5判　定価【本体2000+税】円

## 長老教会の問い、長老教会の答え 2 ―― キリスト教信仰のさらなる探求
ドナルド・K・マッキム　原田浩司訳

新たな「問い」に、前著で取り上げた「問い」にも視点を変えて、わかりやすく答える。信仰の足腰を鍛えるために、みんなで読みたい入門書。

A5判　定価【本体2000+税】円

## 宗教改革の問い、宗教改革の答え ―― 95の重要な鍵となる出来事・人物・論点
ドナルド・K・マッキム　原田浩司訳

キリスト教界全体を劇的に変えた複雑な宗教改革の全体像をマッキムが見事に、明快に整理してみせた。「宗教改革」を理解するための最良の入門書！

A5判　定価【本体2000+税】円

## ジャン・カルヴァン ―― その働きと著作
ヴルフェルト・デ・グレーフ　菊地信光訳

カルヴァンの著作を、同時代の著作、論争、活動と連動させて歴史上に配置、関連する豊富な情報をみごとに収集・整理し、16世紀の文脈でカルヴァンの姿を浮かびあがらせた。

A5判　定価【本体6800+税】円

## ヨハネス・ア・ラスコ 1499―1560 ―― イングランド宗教改革のポーランド人
バージル・ホール　堀江洋文訳・解題

カルヴァンが理想とした長老制による教会訓練、国家権力とかかわりのないかたちの教会として最初の「教会規程」を執筆。この「教会規程」がのちの改革・長老教会の典型となった。

四六判変型　定価【本体2200+税】円